Ulmer Spîtzen
Erlesenes aus der Region
Edition 1

© 2015

*„Solange man die Spitze
im Blick hat,
ist man noch nicht
dort angelangt."*

Diese fundamentale Erkenntnis ist allen aufmerksamen Leserinnen und Lesern dieser Edition gewidmet, denen bewusst ist, dass es von der Spitze aus immer nur noch abwärts gehen kann. Insofern mag die Aussicht auf die Spitze manchmal verlockender erscheinen, als die Spitzen-Aussicht, die sich von dort dann tatsächlich bietet. Es lebe der Weitblick!

S. Galter, 2014

www.ulmer-spitzen.de

Texte und Titelgestaltung: © Siegfried Galter 2012-2015

alias X
Industriestr. 10
D-89275 Elchingen
www.aliasx.de

Bilder:
Titel/Umschlag: Birgit Fohlert
Innen: Birgit Fohlert, Siegfried Galter (S. 12, 30, 52 [Bearb.], 122, 124), Rebecca Galter (S.14),

Verwendung oder Nachdruck jedweder Inhalte dieses Titels, auch auszugsweise, bedarf der ausdrücklichen schriftlichen Genehmigung, einzuholen über alias X.

Bibliografische Information der Deutschen Nationalbibliothek:
Die Deutsche Nationalbibliothek verzeichnet diese Publikation in der Deutschen Nationalbibliografie; detaillierte bibliografische Daten sind im Internet über http://dnb.dnb.de abrufbar.

Herstellung und Verlag:
BoD – Books on Demand, Norderstedt
ISBN: **978-3734778438**

Wir bedanken uns bei allen Förderern und Sponsoren, mit deren Unterstützung es gelungen ist, dieses ambitionierte Spîtzen-Projekt zu realisieren. Auch für die kommenden Ulmer Spîtzen-Editionen gibt es für kulturinteressierte Kreise, wie auch für Sponsoren oder Werbungtreibende, wieder die Möglichkeit, sich finanziell , materiell, strukturell oder ideell einzubringen. Kontaktaufnahme gerne über: alias X Konzeptionslabor , kontakt@aliasx.de

Spîtzen-Dank an unsere Unterstützer und Sponsoren:

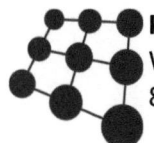
Praxismanagement Bernhard Wulfert
Wippinger Strasse 21
89143 Blaubeuren
www.praxisberatung-wulfert.de

Autohaus Hofmann & Hofmann GmbH
Herrlinger Strasse 50
89081 Ulm
www.alfa-fiat-ulm.de

Trucksäß **Trucksäß GmbH**
Feuerkultur aus Ulm
Herrenkellergasse 5
89073 Ulm
www.trucksaess.de

stellar • **stellar kommunikation GbR**
Judenhof 10
89073 Ulm
www.stellar.de

BERMUDA Liquor-Store
Sammlungsgasse 2
89073 ULM
www.bermuda-ulm.de

INHALT

ULM-NEU-ULM 12

Uferpromenade 14

UL-M 1 30

Massaker am Tugendpfad 50

Vogelperspektive 63

Der Haarschneider von Ulm 69

Der Tag, an dem das Ulmer Münster

verschwand 92

Angespitzt

Spitzen sind ein eindeutiges Statement. Sie können nach unten weisen, nach vorne gerichtet sein, abwehrend in alle Himmelsrichtungen ragen, oder auch keck himmelwärts streben.

Spitzen kann man dezent verführerisch darunter tragen, so dass sie „blitzen", oder auch mit List und Bedacht vollständig dem arglosen Blick entziehen.
Man kann sie aber auch unübersehbar bis schamlos zur Schau stellen. Spitzen haben, verhüllt wie unverhüllt, etwas aufreizendes, provokatives.

Man kann sie als Plattform zur strahlenden Selbstinszenierung nutzen, oder sich vergeblich an ihnen abarbeiten. Spitzen sind geeignet, zum Widerspruch, gar zum Widerstand zu animieren, ebenso wie sie den geordneten Rückzug angeraten erscheinen lassen können. Oft genug üben sie eine unwiderstehliche Anziehungskraft aus, man kann sich daran messen, versuchen, sie zu übertreffen, man kann aber auch an ihnen scheitern.

Wie überaus konstruktiv und sinnvoll eine Spitze sein kann, zeigt sich hingegen am Beispiel des Blitzableiters: gefährliche bis zerstörerische Energien können mit Hilfe dieser Spitzen-Erfindung umgeleitet und neutralisiert werden – ohne weiter Schaden anzurichten, oder die Spitze selbst zu beschädigen.

Spitzen haben Signalwirkung, können aber ebenso gut auch gemein oder sogar bedrohlich sein: denn wer „wider den Stachel löckt" befindet sich oft im Widerstreit mit Mächten, die er oder sie nicht (oder noch nicht) wirklich einzuschätzen vermag.
Bereits der alte Paulus, vormals Saulus, musste diese schmerzliche, letztlich aber wundersam förderliche Erfahrung machen, wie schon in der biblischen Apostelgeschichte 26/14 nachzulesen ist:
"Als wir aber alle zu Boden stürzten, hörte ich eine Stimme zu mir reden, die sprach auf hebräisch: Saul, Saul, was verfolgst du mich? Es wird dir schwer sein, wider den Stachel zu löcken"
Nun, so schwer es bisweilen erscheinen mag, dem Stachel zu entkommen, ihm zu widerstehen, oder ihn selbst zu setzen, so wichtig und ehrenvoll ist es, sich immer wieder mit ihm auseinander zu setzen – in allen seinen Erscheinungsformen.

    Wirkliche Spitzenreiter dulden keine anderen neben sich, weshalb es ganz oben an der Spitze auch eher einsam als eng zugeht. („It's lonely at the top" beklagte sich schon der amerikanische Songschreiber Randy Newman). Deshalb ist es auch meist leichter, etwas auf die Spitze zu treiben, als es auf der Spitze zu treiben. Wahrscheinlich aus diesem Grund ist uns bis dato kein solch ruchloses Tun bekannt, was auf der Spitze des altehrwürdigen Ulmer Münsters stattgefunden hätte oder gar aktenkundig geworden wäre.
    Schade eigentlich, wir hätten es hier sicher schön aufspießen können.

„Spitze im Süden" - dieser Slogan der Innovationsregion Ulm trägt einen gewissen Alleinstellungsanspruch in sich. Allerdings keinen absoluten, denn dann müsste er lauten: „Die Spitze im Süden", was wettbewerbsrechtlich bedenklich, wie auch untypisch für das übliche schwäbische Understatement wäre. Denn das neigt traditionell eher zur dezenten Tiefstapelei, wenn auch mit dem gesunden Selbstbewusstsein, meist eindeutig der Spitzengruppe anzugehören oder sogar die Spitze zu definieren. Ganz so, wie auch das Ulmer Münster bis heute seine einsame Spitzenstellung erfolgreich behauptet hat, auch wenn fremdgläubige Moscheenbauer es zwischenzeitlich rein höhenmäßig deutlich getoppt haben (wenn zum Glück auch noch nicht hier vor Ort). Dennoch ist es nur noch eine Frage der Zeit, bis der unaufhaltsam emporstrebende Sakralbau Antoni Gaudìs in Barcelona dem Münster seinen Rang als „höchster christlicher Kirchturm der Welt" endgültig abgelaufen haben wird.

Insofern wäre es vielleicht gar keine solch eklatante Katastrophe, wenn das Ulmer Wahrzeichen über Nacht verschwände? Ein bizarres Gedankenexperiment, das sich der Autor erlaubt hat, in einer seiner hier versammelten Geschichten buchstäblich auf die Spitze zu treiben. Doch noch steht das Ulmer Münster unübersehbar an seinem angestammten Platz, und hat, ausweislich seiner Einzigartigkeit, mehr als nur die eine höchste Turmspitze aufzuweisen. Ebenso wenig wie das Ulmer Umland einen Spitzen-Mangel zu beklagen hätte. Und so kommen auch diese „Ulmer Spîtzen" in der Mehrzahl daher.

Dennoch: wer eine Spitzenposition anstrebt, oder schon erreicht hat, der oder die duldet ungern andere neben sich. Insofern mag die Tatsache für Verwirrung sorgen, dass mit Erscheinen dieser ersten Edition von „Ulmer Spîtzen" derzeit zwei verschiedene Ausgaben dieses Titels auf dem Markt sind. Wie das?
Ohne hier näher auf unerfreuliche Hintergründe einzugehen, nur so viel: auf Grund unüberwindlicher interner Kompetenzprobleme zog der herausgebende Verlag von „Ulmer Spitzen", Band 1, den bereits gelisteten Band 2 sang- und klanglos zurück, und stellte jede weitere „Spitzen"-Aktivität ein für alle Mal ein. Allerdings kursieren von der Erstauflage des ersten Bandes bis auf Weiteres noch Restbestände bzw. antiquarische Exemplare.

Auch wenn die „Ulmer Spitzen" damit derzeit noch in verwirrender Mehrzahl daherkommen, und die Ulmer Region zweifelsohne über zahlreiche herausragende Qualitäten, Publikationen und Persönlichkeiten verfügt, kann es selbstredend nur ein „Ulmer Spîtzen" geben. Es steht in jeder Hinsicht außer Frage, dass es sich dabei exklusiv um die Ihnen jetzt vorliegende, weil einzig autorisierte Publikation handeln kann:
Den legitimen Nachfolger eines ethisch fragwürdigen postnatalen Abortus (übersetzt: Totgeburt durch nachträgliche und unprofessionelle Abtreibung, aber das birgt noch reichlich Stoff für eine eigene Spîtzen-Story).
Im Gegensatz zu ihrem Vorläufer, dem noch unter dem hier nicht näher bezeichneten Provinzverlag erschiene-

nen ersten Band, wird die jetzt erschienene Edition 1 nun hoffentlich dem eigenen Titelanspruch wirklich gerecht werden. Im Klartext: dem Anspruch, unser ansprechendes Druckwerk mit dem Untertitel „Erlesenes aus der Region" nicht nur zu publizieren, sondern auch publik zu machen.

Sicher wird auch diese Edition keine Bestseller-Auflagen erreichen – aber wir streben zumindest eine treue und erwartungsfrohe Leserschaft an, die wir auf verschiedenen Ebenen ansprechen wollen – ohne falsche Erwartungen zu wecken oder berechtigte zu enttäuschen. Und wir werden dies mit redlichen Mitteln, zu fairen Konditionen und hoffentlich mit tatkräftiger Unterstützung seitens überzeugter Kreise vorantreiben – bis auf die Spitze.

Und womöglich gibt es dann tatsächlich in naher Zukunft eine zweite und dritte Edition, wer weiß das schon? Erlesenes Material dafür wäre jedenfalls genug vorhanden, und wird uns obendrein permanent auf dem Silbertablett beschert – nicht zuletzt durch die reichhaltige Geschichte dieser Stadtregion, die stets aufs Neue Geschichten und Ereignisse hervorbringt, die es wert sind, hier genüsslich aufgespießt und präsentiert zu werden.

Wir arbeiten uns weiterhin mit sprichwörtlichem „Schwabenfleiß" daran ab, versprochen.

Ulm, im Dezember 2014, Siegfried Galter

ULM-NEU-ULM
(Shortcut)

Die kürzeste Verbindung von Ulm nach Neu-Ulm führt nicht über eine Brücke, sondern über die Alb und dann direkt durchs All. Förmlich spürt man erschauernd den Odem des Universums, welches durchweht ist vom Genius loci, ganz wie Einstein es einst schon so treffend formulierte:
„Zwei Dinge sind unendlich: das Universum und die menschliche Dummheit, aber beim Universum bin ich mir noch nicht ganz sicher."

ULM
Alm
Alb
All
Aal
Tal
Tau
Nau*
NEU
Nau
Tau
Tal
Aal
All
Alb
Alm
ULM

* Wiki-Info: Die Nau entspringt in der Ulmer Nachbarstadt Langenau und bildet deren zivilisatorischen wie namentlichen Ursprung.

Uferpromenade

Was einem Müßiggänger so alles begegnen kann:
Ein ganz normaler Sommertag an Ulmer Ufern...

Ein Mensch sitzt auf einer Bank. Er sitzt und schaut. Genauer gesagt, schaut er aufs Wasser.
Das Wasser ist grünlich-braun und eher länglich. Also eher ein Fluss als ein Teich. Denn für einen Teich ist es dann doch zu groß, das Gewässer. Wenn es sich auch kaum irgendwie bewegt, das Wasser. Mehr wie ein See oder ein Teich anmutet, zumindest an der Oberfläche. Dagegen spricht aber die längliche Form, und die Ausdehnung seiner Fläche. Zumindest in seiner Blickrichtung. Das Wasser endet nämlich am anderen Ufer, was nicht so furchtbar weit weg ist vom Standort, nein vom Sitzort des Menschen. Dort kann man alles noch erkennen von hier aus, Spaziergänger, andere Bänke und Laternen, sogar einzelne Wasservögel und überhaupt alles. Aber links und rechts von ihm, da geht das Wasser weiter.

Es scheint sich also doch um eine Art Fluss zu handeln, auch wenn keine Fließrichtung erkennbar ist, so auf den ersten Blick. Eher sowas wie ein stehender Fluss vielleicht, wenn es sowas überhaupt gibt. Nein, eigentlich nicht, denn dann wäre es ja doch eher wieder ein See. Es gibt ja auch mehr so längliche Seen, wie man weiß, wenn man in Heimatkunde aufgepasst hat. Das sind ganz oft Stauseen. Oder der Bodensee zum Beispiel, der ist schon ziemlich langgestreckt. Allerdings ist der deutlich breiter als dieses Gewässer hier. Aber meistens auch wieder nicht so träge und ruhig, oder? Streng genommen ist ja der Bodensee nur eine besonders breite Ausbuchtung des Rheins, der durch ihn hindurch fließt, also doch eher ein Fluss, wenn man es ganz genau nehmen wollte.

Aber natürlich weiß der Mensch, dass der Bodensee ein See ist, sonst hieße er ja auch anders. Außerdem führt keine Brücke darüber, so wie hier. Brücken führen über Flüsse, nicht über Seen. Meistens jedenfalls. Klar gibt es Brücken, die führen sogar übers Meer, auch hier in Europa. Aber hier sind wir in Ulm, und vom Meer ist weit und breit nichts zu sehen. Und weil der Mensch sich auskennt in Heimatkunde, weiß er auch, dass er an einem Fluss sitzt, auch wenn es auf den ersten Blick nicht danach aussehen mag. Der Mensch weiß sogar, warum der Fluss kaum noch fließt, seit nämlich die Stadtwerke die Staustufe flussabwärts erhöht haben. Also weiß er auch, in welche Richtung der Fluss fließen würde, wenn er denn noch ein flussgemäßes Gefälle hätte, und nicht statt dessen kilometerweit vor sich hin dümpeln würde vor der Staustufe Thalfingen. Und selbstredend weiß der Mensch auch, wie dieser Fluss heißt, und wohin die Brücke führt, die er von hier aus gerade noch sehen kann. Und weil er das alles weiß, beschränkt er sich darauf, einfach nur hier zu sitzen und zu schauen.

    Denn da gibt es viel zu sehen, hier am Wasser. Besonders jetzt im Sommer. Vor allem die anderen Menschen geben ein abwechslungsreiches und buchstäblich bewegtes Schauspiel ab.
Die meisten von ihnen sind zu Fuß, manche besser, manche schlechter, je nach Alter und Verfassung. Manche, nein eigentlich die meisten von ihnen, sind auch sehr viel schneller unterwegs als Menschen, die einfach nur am Flussufer spazieren gehen. Davon gibt es auch ein paar. Viele der Spaziergänger sind tatsäch-

lich paarweise anzutreffen, oder zumindest in Gesellschaft eines Hundes. Manche führen oder begleiten auch ältere oder gebrechliche Menschen ein wenig hinaus ans Ufer der Friedrichsau.
Eindeutig die Langsamsten sind aber diejenigen, welche sich mit Hilfe von oder auf Rollen fortbewegen. Genauer: der Sorte Rollen, für die es keine trendigen oder neudeutschen Ausdrücke gibt, sprich: Rollstühle oder Rollatoren. Die bilden die rollenden Hindernisse für alle anderen, die auf rollen-bewehrten Bikes, Blades, Skates, Scootern oder Boards das Tempo forcieren.
Direkt dahinter kommt, rein tempomäßig jetzt, natürlich jene omnipräsente Spezies, deren ganzjährigen Aktivitäten dieses Donaugestade ureigentlich gewidmet ist: es sind die leistungsaffinen Bewegungsapostel unserer Produktivgesellschaft. Es sind die Opinionleader, ihre Follower und ihre eifrigen, wenn auch nicht immer würdigen oder gar berufenen Nachahmer, die von früh bis spät dem strahlenden Ideal von körperlicher Fitness und Einsatzbereitschaft, Hipness und ewiger Jugend hinterher hecheln. Marathon-Männer, -Frauen und -Kinder zuerst, bi- und triathletisch Gestählte, zehnkampfwillige Decathleten, Flow-beseelte, Lebenstüchtige, Wettbewerbsorientierte, Selbstoptimierer, Leistungsträger und Wassertrinker. In allen nur denkbaren Stadien von Motivation, Körperform, sportlicher Erscheinung, narzisstischem Wahn, zweifelhaftem Ehrgeiz, verzweifelter Selbstüberschätzung, völliger Erschöpfung und körperlichem Verfall.
Denn auch Alter schützt vor Torschlusspanik nicht.

Einstein, der geniale alte Sportmuffel und postmortale Namensgeber für den Ulmischen Marathon - er hätte sich schlapp gelacht. Aber was weiß schon der müßig sinnende Mensch von der kruden Dynamik, die alledem innewohnt. Es geht um größeres als nur um den eigenen Kreislauf, auch wenn der kurz vor dem Kollaps stehen sollte. Deshalb sieht man diese manisch trainierenden Maschinenmenschen auch fast alle vollständig verkabelt. Unplugged war gestern, einfach nur Laufen ist 'was für Neandertaler. Für den Input gibt's was auf die Ohren, damit der Flow auch in Gang kommt.

Marschmusik, Techno oder doch Helene Fischer? Egal, Hauptsache, man kommt auch bei „Atemlos durch die Nacht" ordentlich auf Betriebstemperatur, und nicht außer Atem oder gar aus dem Laufrhythmus. Wie war das noch mit dem Blondinenwitz und dem Kopfhörer-Kommando „Einatmen, Ausatmen!"? Das bringt uns zum Output: Heute speist man seine Energie und seine Leistungsdaten laufend ins System ein, möglichst simultan vernetzt, und gleicht sie online mit anderen Hochleistungsbringern und Endorphinjunkies ab. Selbstvertrauen ist gut, Selbstkontrolle ist besser. Und wenn es nicht öffentlich zugänglich dokumentiert ist, ist es auch nicht passiert. Und damit nichts wert. Das Leben in der Cloud fordert vollen Dateneinsatz.

Der Mensch sitzt und schaut. Und staunt. Wovor sind all' diese Menschen auf der Flucht? Von welch' gnadenlosen Dämonen werden sie gehetzt, welcher Obsession versuchen Sie zu entkommen, indem sie ihr fort und fort huldigen? Welcher Optimierungswahn

treibt sie zu immer neuen Leistungsufern und zu immer subtiler verfeinerten Methoden der Selbstkasteiung? Und das im Angesicht des langen ruhigen Flusses, der doch eher einlädt zur kontemplativen Betrachtung, denn zu unentwegtem Aktionismus?

Jedoch die rastlose Freizeitindustrie gebiert immer neue Trends, Sportarten und Hilfsmittel, um noch besser oder schneller oder ausdauernder unterwegs sein zu können. Denn Freizeit ist nur dann wirklich frei, wenn wir die Freiheit haben, Geld dafür ausgeben zu können. Die Leistungsgesellschaft fordert ihren Tribut. „Der Tag geht, Johnnie Walker kommt", so textete früher die Whisky-Werbung. Der Tag kommt, Nordicwalker walkt, so taktet heute die Fitness-Doktrin. Der Tag geht, Nordicwalker walkt immer noch. Wohin er wohl walkt, den ganzen lieben langen Tag lang, der Nordicwalker? Hat er ein Ziel? Treibt ihn ein obskurer Antrieb? Zieht es ihn nach Norden? Wird er verfolgt von anderen stockbewehrten Walkern, die ihm auf den Fersen sind? Gar ein Fall von Nordic-Stalking?

Obwohl, ebenso oft sind es ja Nordicwalkerinnen, die, den Blick konzentriert auf irgend einen fernen Punkt am imaginären Horizont gerichtet, an unserem Menschen vorbeiwalken. Bizarre Prozessionen stupide stöckeklackernder Geh-Automaten, alterslos alt, in unterschiedslos funktional geschnittenem und farbenfroh eingefärbtem Outfit. Ihr unwiderstehliches Überlebensmotto ist unsichtbar darin eingewoben:
„Ich geh' am Stock – gehste mit?"

Der sitzende Mensch merkt aber bald, dass es, bei allem visuellem und akustischem Gleichklang und Gleichschritt, doch erhebliche Unterschiede gibt im bunten Reigen der Nordicwalker und -innen.

Letztere walken oft in kleineren Grüppchen, und bilden so etwas wie gesprächstherapeutische Einrichtungen to-go. Walk-and-talk. So klingt es jedenfalls, wenn wieder eines der beängstigend mobilen Fitnesskommandos über den geteerten Weg gestakt kommt, eine Kakophonie aus Geplapper und Geklacker als Geräuschkulisse hinter sich herziehend. So eine Art walkendes Kaffeekränzchen, nur ohne Kaffee, dafür aber untermalt vom vernehmlichen Geklapper des Gehgeschirrs. Das hört der Mensch sogar noch am gegenüberliegenden Ufer. Sogar die schwerfälligen Schwäne nehmen plattfüßig Reißaus vor so viel vitaler Präsenz, und retten sich ins nasse Element. Wo die wilden Weiber walken, hilft nur noch die Flucht.

Auch unser sitzender Mensch fühlt sich schon geneigt, die Beine in die Hand zu nehmen, allein, wie entkommt man dem Befremden an fremdem Bewegungsdrang? Etwa, indem man ihm selbst nachgibt? Unfähig, dieses Paradox aufzulösen, bleibt er lieber sitzen und schaut noch ein wenig. Obwohl es manchmal auch ganz schön wäre, einfach nicht hinzuschauen, denkt er sich. Aber das ist nicht so einfach angesichts des allgemeinen Vorwärtsstrebens, welches sich da vor seinen Augen Bahn bricht.

Besonders, wenn es so offensichtlich freudlos ausgelebt wird wie bei vielen gesetzteren Semestern der

Nordic-Fraktion, die daherkommen wie das sprichwörtliche alte Ehepaar: Er voneweg, was die Stöcke hergeben, Sie verbissen hinterher, ihr Ehegespons innerlich in die Donau wünschend. Oder aber stumm und stumpf im Gleichschritt nebeneinander her walkend, den gesamten Spazierweg einnehmend, und in feindlicher Eintracht der Mitwelt die Front bietend.

Aber es gibt auch die gemütvolle Rentner-Riege, welche die Walking-Spieße eher wie Spazierstöcke mit sich führt, und gemächlichen Schritts entspannt plaudernd das Idyll der Donaulandschaft durchmisst. Das sind dann oftmals diejenigen, welche unvermittelt vom Fußgänger- auf den Radweg überwechseln, um mit waagerecht ausgestrecktem Stock lässig auf irgendwelche Sehenswürdigkeiten oder Naturschönheiten am Wegesrand hinzuweisen. Da haben die Radfahrer dann auch noch 'was davon.

Was jedoch den Radlern und anderen Menschen auf und in ihrem Weg so widerfährt, davon bekommt unser Mensch nichts mit, zum Glück. Denn der Radweg verläuft hinter seiner Bank, auf der er sitzt. Und wenn er diesen Leidensweg auch noch sehen würde, und das, was sich darauf so abspielt, wäre es sicher endgültig aus mit seiner Ruhe. Es reicht schon, was so herüber tönt von der Schnellspur: Klingeln, Rufen, Fluchen, Hundebellen, Verwünschungen, Ermahnungen, Kinderplärren. Dazu das aggressive Abrollgeräusch martialischer Crossbereifung unter maximaler Trittlast manischer Mountainbiker. Das Quietschen ungeölter

Ketten verwahrloster Schrotträder, unkoordiniert bewegt von Menschen am Rande des Sozialspektrums. Das Vorbeisirren von kompromisslos optimierten Rennmaschinen, vorangetrieben von Sportradlern in strammer Straßenkampfmontur, die gestählten Waden aerodynamisch enthaart und eingeölt, auf der Jagd nach Windschatten und Spitzengeschwindigkeiten. Der fröhliche Reigen munterer Fahrgemeinschaften aus Nah und Fern, die in breiter Formation vorbeirauschen, und sich dabei staffettenartig Kommandos zurufen. Dazwischen die Warnrufe überforderter Erziehungsberechtigter, die vergeblich versuchen, ihren gerade radflügge werdenden Nachwuchs auf fähnchenbewehrten Minirädern auf Kurs zu halten. Empört aufbrandendes Geschrei nach Beinahe-Zusammenstößen zwischen den Kiddies und rücksichtslosen, oft freihändig telefonierenden Radfahrern und/oder größenwahnsinnigen Joggern, ignoranten Rollerbladern, achtlosen Flaneuren, ahnungslosen Touristen, verirrten Motorroller-Idioten oder leinenlos desorientierten Hunden (Zutreffendes bitte ankreuzen), die sich auf dem Radweg gelegentlich in die Quere kommen.

Deshalb bleibt der Mensch sitzen, wo er sitzt, und schaut. Aufs Wasser und auf den Fußgängerweg vor ihm. Aber eigentlich lieber aufs Wasser, das ist nämlich so schön ruhig hier. Kaum kräuselt sich die Oberfläche. Still ruht der See, nein, der Fluss. Oder doch nicht? Abgesehen vom bunten Treiben der Wasservögel, Enten, Schwäne und Möwen, hemmungslos angefüttert und übersättigt von Brotabfällen, mit denen sozialromantische Gemüter und einsame Seelen ihren versöhnlichen Kontakt mit der Natur herstellen? Abgesehen von den unerschrockenen AliBibern, die mittlerweile mangels für sie verwertbarer Biomasse schon wieder abgewandert oder verhungert sind? Abgesehen von den Ratten, die sich immer dreister am helllichten Tage am Ufer tummeln, angelockt von verschmähten, halb verschimmelten Brotlaiben der Vogelfreunde, oder den Hinterlassenschaften der zahllosen Friedrichsau-Feierwütigen? Abgesehen von den Wassersportlern der traditionellen Ulmer Ruder- und Paddlerclubs und ihren megafonbewehrten Trainern in motorisierten Begleitbooten? Stille. Stilles Wasser. Sitzend schauen. Mensch sein.

Doch da hallen dumpfe Schläge übers Wasser, begleitet von stakkatohaftem Gebrüll. Der Mensch erschrickt. Dem akustischen Überfall folgen erste Wellenschläge, die das dynamische Herannahen irgend eines Wasserfahrzeugs ankündigen. Was geht da vor? Ein Notfall vielleicht? Ein Sonarsuchboot der Wasserwacht? Eine Hochwasser-Alarmübung des THW? Ein Boot schiebt sich ins Blickfeld. Es ist lang, besetzt mit mindestens 10 Mann, die hintereinander kauernd von einem kleinen Typen angebrüllt werden, der ihnen im Bug des Bootes gegenüber sitzt und auf eine Trommel einprügelt. Im Heck steht einer am Ruder und scheint das Ding zu steuern. Ist es womöglich schallgetrieben? Eher noch ein Überschall-Fahrzeug, wenn der Mensch richtig hört: treibende Trommelschläge, zu denen lauthals Zahlen gebrüllt werden. Nicht irgendwelche

Zahlen, nein, es wird gezählt, jeder Schlag eine Zahl, und zu dieser Schlagzahl werden von den Männern Paddel ins aufgewühlte Wasser getaucht, nein, gestochen, nein hinein gestoßen. Das ist es, was das Boot voran reißt, bis der Mann am Ruder brüllt: „Aus!"

Es ist klar, der Kleine hat zwar die Trommel, aber das Kommando hat der Steuermann im Heck, und die Männer im Boot hören auf ihn: sie hören schlagartig auf zu paddeln, und der Trommler legt den Schlegel zur Seite. Die Vorwärtsbewegung verrinnt, das Boot dümpelt in der nicht vorhandenen Strömung, nun fast auf Höhe des Menschen, antriebslos dahin.
Das gibt ihm Gelegenheit, den Ausführungen des Kommandanten zu lauschen, der etwas erläutert, dem die Mannschaft aufmerksam folgt. Der Mensch am Ufer versteht ein paar Bruchstücke wie „Synchronisation", „Kraftschläge", „Durchziehen", „Einzählen", „Go".
Dann eine kurze konzentrierte Pause, bevor das Kommando „Uuunnnnnd-los!" erschallt, und die Zahlenbrüllerei und Trommlerei wieder losgeht. Die Mannschaft hängt sich mächtig 'rein, das Boot setzt sich in Bewegung, nimmt schnell Fahrt auf, und verschwindet, langsam leiser werdend, flussabwärts. Immerhin können sie offenbar weiter als bis Zehn zählen, sonst wäre die Fahrt auch schnell zu Ende, denkt sich der Mensch.

Abendstimmung kommt auf, die wiedergewonnene Stille tut dem Menschen gut. Er genießt sie, indem er weiter sitzt und schaut. In die Runde und ins Weite geht sein Blick, auch ein wenig sehnsuchtsvoll.

Und weil er doch noch ein wenig mehr an Weitblick gewinnen will, hat er sich nun von der Sitzbank erhoben und auf die Lehne gesetzt, die Füße auf der Sitzfläche der Bank.

Doch es naht neues Ungemach.
Was der Mensch nicht sieht, nicht sehen kann, weil es hinter ihm herangerollt kam auf dem Radweg, wo es sicher nicht hingehört, weil eindeutig vierrädrig. Heimlich, still und leise hat es sich herangeschoben. Ist langsamer geworden, dann schließlich stehen geblieben, direkt hinter ihm. Dort verharrt es nun, blockiert den Radweg, und bildet ein silberblaues Hindernis, welches seltsamer Weise ohne jeden laut geäußerten Widerwillen geduldet zu werden scheint von allen, die es zaghaft umfahren müssen.
Dort steht es nun also. Als würde es auf etwas warten. So, wie der Mensch auf der Bank etwas zu erwarten scheint, das sich nun auch ankündigt, förmlich in der Luft liegt, sich über dem Wasser formiert. Es ist der wiederkehrende Rhythmus des Drachenboots, das nun offenbar wieder flussaufwärts unterwegs ist, und dessen Schlaglärmteppich sich überraschend schnell zu nähern scheint. Den Menschen überkommt Unruhe.

Dumpf hallt die Trommel, die Schlagzahl ist hoch und regelmäßig, schon kann man die Zahlen verstehen, das Boot kommt heran, da hält es den Menschen nicht mehr auf seiner Bank, er steht auf, er legt die Hände trichterförmig an den Mund und brüllt in Richtung des Bootes, so laut er nur kann.

Er brüllt Zahlen, willkürlich und wirr, ohne jeden Rhythmus, er brüllt an gegen den Rhythmus der Schlagzahl des Bootes.
Und dort passiert etwas, es trifft das Boot wie ein feindlicher Torpedo, der Trommler verliert seine Zahl, sein Schlag verfehlt seinen Punkt, die Paddler kommen aus dem Takt, verlieren ihren Rhythmus, ein heilloses Durcheinander entsteht, der Steuermann brüllt, die Paddler fluchen, das Boot schlingert, die Vorwärtsbewegung verebbt.
Und der Mensch lacht. Er lacht unanständig laut und hemmungslos, er schlägt sich auf die Schenkel vor Vergnügen und tanzt auf seiner Bank vor unbändiger Freude über seinen gelungenen Streich.
Aber die Männer im Drachenboot verstehen keinen Spaß und drohen herüber. Fäuste werden geschüttelt, Flüche und Beschimpfungen wie: „Vollpfoschta!", „Seggl!" „Granatearsch!"schallen übers Wasser, der Kommandant schaut finster drein. Dann sammelt er sich, beruhigt seine Mannschaft, und wieder erschallt das Startsignal: „Uuunnnnnd-los!".
Wieder werden, finster entschlossen und im knappen Zahlentakt, die Paddel eingetaucht, das Drachenboot nimmt Fahrt auf, stabilisiert sich, gewinnt gegen die Strömung an Geschwindigkeit und verschwindet dröhnend donauaufwärts außer Sicht.

Unser Mensch schaut ihm stillvergnügt hinterdrein, als er sich rücklings angerufen hört. Erst jetzt bemerkt er das Fahrzeug auf dem Radweg hinter sich. Zwei Männer sitzen darin, sie sind uniformiert.

Der Fahrer lehnt sich heraus aus seinem silberblauen Streifenwagen, er setzt sich seine Dienstmütze auf, und nun wird es amtlich.

Der Mensch wird ermahnt, stille zu sein. Sich ordentlich aufzuführen. Schließlich könne man hier in der Friedrichsau nicht einfach so wild in der Gegend herumbrüllen. Wenn das Jeder machen wollte? Und so eine Bank, die sei zum Sitzen da, und gewiss nicht, um mit seinen Schuhen drauf zu stehen oder gar darauf herumzuturnen.

Der Mensch zeigt Einsicht und gelobt Besserung. Die Beamten tun ja nur ihre Pflicht. Und außerdem haben sie ja recht. Man muss auch nicht immer alles so auf die Spitze treiben. Schon gar nicht mutwillig und ohne Not. Und vor allem nicht hier in Ulm.

UL-M 1
An ihren Kennzeichen sollt Ihr sie erkennen...

Ulm nimmt in jeder Hinsicht einen Spitzenstellung ein, gar keine Frage. Das erkennt man schon allein daran, dass keine andere Stadt oder Gemeinde in ganz Deutschland ihren Kraftfahrzeugbesitzern das elitäre Privileg gewährt, den kompletten Städtenamen im Autokennzeichen führen zu können (vorausgesetzt, man hat gute Beziehungen zur Zulassungsbehörde, oder hält ein kleines Aufgeld parat). Denn wie viele Städte oder Zulassungsbezirke mit drei Buchstaben gibt's noch in unserem Lande? Sehen Sie! Wenn das kein Spitzen-Alleinstellungsmerkmal ist?

Hallo, was hör' ich da? Das stimmt so gar nicht? Da soll's wohl doch noch andere geben? Hier bei uns? Hier in Westdeutschland? Das wäre aber neu, oder? Ach so? Ja, stimmt, also, das ist wahr, Hof, das gibt's jetzt tatsächlich schon eine ganze Weile.
Ist aber nicht so wirklich in Erscheinung getreten in den letzten Jahrzehnten, wegen seiner Randlage.
Ist ja streng genommen fast schon Osten. War ja immer mehr so Hinterhof, dort an der ehemaligen Zonengrenze. Aber stimmt, es hat in der Tat auch nur drei Buchstaben, und den Städtenamen kriegt man tatsächlich auch komplett aufs Kennzeichen, wenn man es denn partout so will:

HO-F 123, so könnte das dann wohl aussehen. Denn HO steht nicht für Holstein, wie Viele fälschlicherweise glauben. Tatsächlich stehen die beiden Buchstaben für diese buchstäblich marginale, im Oberfränkischen, fast schon im Tschechischen gelegene Stadt.

Insofern wollen wir das einmal so stehen lassen, aber: keine Regel ohne Ausnahme, und Hof ist ja nun wirklich eine ziemlich krasse Ausnahme und so was von überhaupt keine Konkurrenz, damit kann Ulm ganz gut leben, glaube ich. Und es ist wirklich die einzige Ausnahme, zumindest, was die drei Buchstaben betrifft. Aber ich habe mich zwischenzeitlich, wenn auch widerstrebend, belehren lassen müssen, dass es tatsächlich doch noch andere Kraftfahrer in Deutschland zu geben scheint, die ebenfalls ihren vollen Städtenamen auf dem Nummernschild spazieren fahren können, wenn sie's darauf anlegen.

Und wenn man mich jetzt fragt: „Wo soll das denn sein, bitte? Und wenn, dann kann das doch bestimmt nur mit diesen Gebietsreform-Tricksereien zusammenhängen. Da hat sich dann doch bestimmt irgendwo so ein selbstverliebter Stadtrat wieder ein regionales Denkmal setzen wollen, oder?"
Dann muss ich leider wahrheitsgemäß antworten: Nicht wirklich und nicht zwangsläufig. Genau betrachtet, handelt es sich zwar mehrheitlich nicht um wirklich herausragende Highlights der deutschen Kulturlandschaft, die mit Ulm auch nur annäherungsweise in Konkurrenz treten könnten. Dennoch sind sie in dieser einen Disziplin tatsächlich so etwas wie gleichberechtigt, wenn auch nie so selbstverständlich elegant und unaufdringlich wie das Ulmer Kfz.-Erkennungszeichen, welches jedoch bei der Kombination: UL-M 9999 an seine numerisch-bürokratisch definierte Limitierung stößt, und damit einen recht exklusiven und stolzen Halterkreis definiert. Doch die Schwaben wären nicht –

zu vollstem Recht! – eine als einfallsreich gepriesene Spezies, wenn sie aus dieser zahlenmäßigen Beschränkung nicht noch kreative kombinatorische Auswege gefunden hätten. Dazu später mehr. Zunächst wollen wir jedoch jene anderen Emporkömmlinge betrachten, die auf unseren Straßen ihr Unwesen treiben, indem sie uns ungefragt mit ihrer vollen Herkunftsbezeichnung behelligen. Denn wenn einer oder eine 'was im Autoschilde führt, dann eben, wenn möglich, den vollen Namen der Liebsten, oder zumindest den der geliebten Heimatstadt.

Gerade, wenn das Verhältnis zwischen Bürgern, den Stadtoberen und ihrer Stadt so innig ist (wie speziell auch in Ulm), wie könnte man das sinnfälliger zum Ausdruck bringen als mit einem Kuss? In diesem, und wirklich nur in diesem Punkt haben manche Bewohner der Mosel-Region den hiesigen Donauschwaben etwas voraus: mit vorgereckter Schnute können die Bürger der bis dato kleinsten Kreisstadt Deutschlands ihre Autokühler vorzeigen, und andere Verkehrsteilnehmer förmlich knutschen. Zumindest dann, wenn auf dem Nummernschild KUS-S steht. Nun heißt das Städtchen natürlich nicht so, es ist lediglich wiederum ein winziger Exkuss (Korrektur: Exkurs), der mich direkt hinführt nach KUS-EL, und damit zu dem eindeutig zuzuordnenden Kfz.-Kennzeichen mit dem vollen Namen dieser höchst überschaubaren menschlichen Ansiedlung mit Kreisstadt-Status in Rheinland-Pfalz.

Jetzt sind wir exkursiv schon so weit abgeschweift, da können wir uns genau so gut auch einem Beispiel zuwenden, welches etwas aus der Reihe fällt, und deshalb streng genommen eigentlich nicht hierher gehört: es handelt sich um das schöne Städtchen Baden-Baden und sein Kennzeichen BAD, welches sich leicht um die Buchstaben -EN ergänzen lässt, und damit immerhin 50 % des Standortnamens repräsentiert. Glücklich schätzen kann sich der stolze Inhaber der Nummernkombination BAD-EN 2, welche immerhin als Verdopplung interpretierbar, und damit schon sehr nah dran ist. Aber dieses Beispiel sei hier nur als exotischer Sonderfall erwähnt. Die glücklichen Ulmer haben solch' logarithmisch anmutende Gedankenakrobatik gar nicht erst nötig.

Aber auch der Normalfall ist in Deutschland gar nicht so selten, wie man vielleicht voreilig annehmen möchte. Da wäre zum Beispiel der „WES-Fall" zu nennen, den grammatikalisch Sattelfesten auch als Genitiv bekannt. Der WES-Fall begegnet uns zum Beispiel in dem schönen Sprichwort: „Wes' Brot ich ess', des' Esel ich bin" (weshalb der Esel bekanntermaßen auch immer laut und deutlich „JJAAA!" schreit). Und er (der WES-Fall, von den ganzen Eseln nicht zu reden), fährt uns auch hin und wieder als Nummernschild über den Weg – was uns wiederum direkt in den Wald führt:

Es gibt also tatsächlich dieses Autokennzeichen WES. Und wiederum ist auch das damit bezeichnete Gemeinwesen, ähnlich wie Hof, durch eine ausgesprochen randständige Lage charakterisiert. Allerdings liegt es nahezu in entgegengesetzter Himmelsrichtung, nämlich nahe der westlichen Demarkationslinie zu den Niederlanden.

Und obwohl es sich um eine signifikant waldarme Gegend handelt – oder vielleicht auch gerade deswegen – kennt fast jeder Waldbesucher in Deutschland den Bürgermeister der alten Hansestadt, zu der das bewusste Nummernschild gehört. Denn wie man in den Wald hineinruft, so schallt es heraus: Wie hieß noch 'mal der Bürgermeister von Wesel? Sein Dienstfahrzeug hört wahrscheinlich auf das Kennzeichen WES-EL 1. Ein Ulmer Bürgermeister, mit dem Ähnliches funktionieren sollte, müsste wohl wie ein großer Waldkauz heißen, aber das wäre ja noch schönner! Da landet man unweigerlich im Unterholz.

Verharren wir statt dessen noch ein wenig in der Nordrhein-Westfälischen Grenzregion. An der grünen Grenze zu den Niederlanden gedeiht unter anderem ein Gewächs, das von Grünzeugfressern wie z.B. Eseln oder glückseligen Kühen ebenso geschätzt wird wie von Glückssuchern, die sich deshalb gerne in der Region aufhalten. Nein, die Rede ist hier nicht vom Gras, welches man im liberalen Nachbarstaat noch lieber raucht als frisst, und auch in den berühmt-berüchtigten Coffeeshops jenseits der Grenze problemlos kredenzt bekommt. Ich meine die meist dreiblättrig ausgeprägte Futterpflanze, deren seltene vierblättrige Variante als Glückssymbol schlechthin gilt, und deshalb immer wieder gerne gefunden, und sogar schon gezielt mit vier Laubblättern gezüchtet wird.
Wenn dort, im niederrheinischen Tiefland, jemand sein Auto mit dem Kennzeichen KLE-E 123 „in den Klee" fährt, kann man das als Fehlsteuerung mit Ansa-

ge interpretieren. Oder es ist auf den unsachgemäßen oder übermäßigen Genuss jener anderen Grünpflanze (s.o.) zurückzuführen. In jedem Fall ist der Halter oder die Halterin unschwer einer Kreisregion zuzuordnen, deren zugehöriger Kreisstadtname sich ebenfalls zur Gänze auf dem Nummernschild präsentieren lässt, wenn man es denn möchte: es ist die Stadt KLE-VE am Niederrhein, welche das Grünfutter sogar im Wappen führt (nein, nicht das Gras, sondern den Klee), wenn auch nur dreiblättrig, dafür aber gleich in dreifacher Ausführung. Ist dann irgendwie auch passender als etwa eine dreifache Cannabis-Dolde, selbst wenn Glück und Gras für manche doch nicht so sehr weit auseinander liegen.

Zweifellos herrscht, oftmals bedingt durch übersteigerten Lokalpatriotismus, bisweilen die Tendenz vor, Dinge über den grünen Klee zu loben. Manche Automobilisten betreiben auch eine eher lustige Art von Etikettenschwindel, indem sie Irreführendes im Schilde führen wie jener Kfz.-Besitzer aus Osnabrück: Denn seit wann, so fragt man sich, liegt die norwegische Hauptstadt OS-LO in Niedersachsen?

Ein echtes UN-Ding ist es jedoch, mit den Buchstaben UN auf dem Kennzeichen herumzufahren, und womöglich so zu tun, als sei man im Auftrag der Vereinten Nationen unterwegs (was ja auch nicht immer ganz ungefährlich ist, heutzutage).
Den städtischen Fahrzeugen, so weit sie von neutral weißer Farbe sind, und nur eine Buchstaben- und

Nummernkombination aufweisen (wie z.b. UN-2014), wird eine solch' falsche Zuordnung sicher nicht gefährlich, solange sie das Stadtgebiet von Unna nicht verlassen, und sich in irgendein Krisengebiet verirren. Alle anderen Automobilisten aus der westfälischen Stadt sind gut beraten, auf Kennzeichen-Kombinationen mit „O" (wie UN-O 123) besser zu verzichten.

Das bewahrt sie möglicher Weise vor dem selben tragischen Schicksal, welches einen zivilen LKW-Transport aus dem Rhein-Sieg-Kreis ereilte, der 1980, noch zu Zeiten der sowjetischen Besatzung, in Afghanistan unterwegs war. In krasser, wenn auch nachvollziehbarer Unkenntnis der zulassungsbürokratischen Feinheiten unseres Landes wurden die LKW mit dem deutschen Kennzeichen SU (für Siegburg im Rhein-Sieg-Kreis) dem feindlichen sowjetischen Aggressor zugeordnet und in einem erfolgreichen Angriff kurzerhand eliminiert. Tragisch, aber wahr. Vorsehen sollten sich daher auch Fahrer aus Chemnitz, die ebenso fahrlässiger wie fälschlicher Weise als CIA-Agenten gekennzeichnet unterwegs sind: eine Nummernkombi wie C-IA 123 ist heute sicher nicht nur in Krisenregionen gefahrengeneigt. Gleiches gälte theoretisch für die Bürger Nürnbergs, wenn nicht Buchstabenkombinationen, welche an das Nazi-Reich gemahnen (wie: SA, SS und KZ) ohnehin nicht vergeben würden, und die Nummer N-SA 123 deshalb mein reines Fantasieprodukt ist.

Wie auch immer: vor dem aktuellen wie historischen Hintergrund ist es für Bewohner Unnas allemal empfehlenswert, vielleicht doch lieber eine Bekenner-

Kombination wie UN-NA 123 spazieren zu fahren.
Dann sieht jeder gleich: Ich komm' aus Unna. Na und?

Und schon orientieren wir uns wieder in den Osten unserer Republik, wiederum in eine äußerste und recht exklusive Randlage, die irgendwie prädestiniert zu sein scheint für Bekenner-Kennzeichen. Muss irgendetwas mit Abgrenzungsbedürfnis zu tun haben, wurde meines Wissens allerdings tiefenpsychologisch so noch nicht wirklich erforscht. Insofern kann und will ich dafür weder die Politik noch sonst-wen irgendwie rügen oder verantwortlich machen, es scheint sich schlicht um eine rein zufällige Häufung zu handeln. Fakt ist, dass auch die Bewohner von Deutschlands größter Insel, welche gleichzeitig die Grenze zu unseren Nachbarländern Polen, Dänemark und Schweden markiert, auf dem Kfz-Kennzeichen Flagge zeigen können.
Insofern ist es schon O.K. mit gewissem Standortstolz darauf hinzuweisen, wo genau man herkommt, beispielsweise mit dem Kennzeichen RÜG-EN 123. Auf Grund der überschaubaren Stammpopulation sollte ein Nummernschild dieser Art für alle Inselbewohner verfügbar sein – auch ohne kostenpflichtige Reservierung eines Wunschkennzeichens.

Eine geringfügige Vokalverschiebung bringt uns hier nicht von Rügen in die Traufe, nein: sie beschert uns, rein geografisch jetzt, eine Rückverschiebung, wiederum in die Nähe der tschechischen Grenze.

Was den Mecklenburgern ihr Eiland Rügen, ist den Bayern nämlich ihr Städtlein Regen, für auserwählte Automobilisten rein bürokratisch mit dem Kennzeichen REG-EN und irgendeiner Zahlenkombination zwischen 1 und 9999 (gibt's da überhaupt so viele Autos?) abgesegnet.
Und wo wir schon einmal in der Gegend sind, machen wir einmal nicht so große Sprünge kreuz und quer durch die Republik, sondern stromern noch ein wenig länger im ehemaligen Zonenrandgebiet umher, denn es ist einfach gar zu ergiebig für unser Thema:
Dort, in den wilden bayrischen Wäldern, gibt es immer wieder spektakuläre Begegnungen mit problembehafteten Bären, seltener Luchsen und scheuen Wölfen, vereinzelt sogar mit verwilderten Haushühnern. Und dann, völlig unverhofft, steht man einem Auto mit der Nummer CHA-irgendwas gegenüber, und man fragt sich: wo bin ich hier? Es muss sich um einen Einheimischen handeln, so viel steht nach kurzer Situationsanalyse fest. Wie Bär, Luchs und Konsorten ebenfalls eine seltene und gefährdete Spezies, nach allem, was man so hört aus den Wäldern.

    Aber was verbirgt sich hinter diesen drei Buchstaben? Wird hier, in der Wiege des bayrischen Schuhplattelns, etwa ChaChaCha getanzt? Nein, albern. Tja, das ist nun wirklich bemerkenswert, und gibt wilden Spekulationen Raum. CHA-OS? Wäre möglich, ist auch lustig, sieht man auch gelegentlich, meist an eher unkonventionellen, und für die Gegend untypischen Automobilen wie alten Volvo Kombis mit Anti-Atomkraft-Aufklebern. Auch akut vom Artensterben bedroht.

Nein, wirklich eingefleischte Einheimische bekennen sich zu ihrer Kreisstadt CHA-M, auch wenn ein paar Kilometer weiter östlich, in der letzten Stadt vor der Grenze, dem berüchtigten Furth im Wald, gerne folgender Spruch die Runde macht: „Er kam, sah Cham, und fuhr fort nach Furth". Oder auch: „Er kam über Cham und fuhr fort über Furth". Und danach weiter über die Grenze nach Tschechien, worauf man nie wieder etwas von ihm hörte oder sah. Deshalb wollen wir uns nun wieder weniger wilden Regionen, diesmal hoch im kühlen Norden unserer Republik, zuwenden.

Auf dem Weg zur dänischen Grenze (schon wieder Grenzgebiet!) sieht man heute manchmal vor lauter Spitzen kaum mehr den Horizont. Nein, ich rede nicht von den Spitzen der Maiskolben in den undurchdringlichen, hektarweiten Mais-Monokulturen, welche auf kleineren Kreisstraßen Schleswig-Holsteins das Gefühl vermitteln, in einem Mais-Labyrinth herumzuirren. Die Rede ist vielmehr von den spitzflügeligen Windkraftwerken, mit denen die holsteinische Ebene mittlerweile dicht an dicht zugespargelt ist. Aber es gibt nach wie vor auch schöne Aussichten in dieser grünen Hölle, die sich nicht verbauen lassen. Die holsteinische Seenplatte ist so eine Gegend, denn dort, in der Holsteinischen Schweiz (wie sie offiziell heißt), hat das Wasser noch keine senkrechten Windbalken.
Und dann begegnet einem unvermittelt dieses Auto mit diesem Kennzeichen PLÖ-T 1. Wie jetzt, wollen die mich für plöt verkaufen? Nein, es handelt sich sicher nicht um das Privatkennzeichen von Hein Plöt, selbst

wenn der alte Seebär hier durchaus beheimatet sein könnte. Und dann segelt man auf das malerische Städtchen zu, nach dem hier zwei Seen, ein ziemlich großer und ein ziemlich viel kleinerer, benannt sind: Plön. Plön ist schön. Stimmt. Mit gerade einmal knapp 9000 Seelen kann sich theoretisch jede(r) motorisierte Einwohner(in) der kleinen Kreisstadt den Herzenswunsch nach einem Kennzeichen mit PLÖ-N (bitte gewünschte Zahl zwischen 1 und 9999 einsetzen) erfüllen. Wenn das nicht schön ist!

Was hat das alles mit Ulm zu tun, fragt man sich, nicht ganz zu unrecht? Nun, je weiter wir ausschweifen müssen, um Beispiele zu bemühen, welche, rein hypothetisch jetzt, die herausragende Einzigartigkeit Ulms in Frage zu stellen geeignet wären, desto nachhaltiger stellen wir doch die einsame Spitzenstellung der Münsterstadt unter Beweis. So einfach ist das.

Auch wenn allzu spitzfindige Geister jetzt einwenden mögen, dass der Norden, allein schon auf Grund seiner geografischen Lage, vor allem seiner ausgesprochen geringen Höhe über Normalnull wegen, gar kein ernst zu nehmender Spitzen-Gegner sein könne:

Für sie sei an dieser Stelle an das kecke Motto „Das Hoch im Norden" erinnert, welches die Hansestadt Hamburg seit Jahr und Tag für sich reklamiert. Klingt das nicht verdächtig nach Ulms „Spitze im Süden"? Wer wagt es hier, wider den Stachel zu löcken? Und vor allem: Wer war zuerst da mit seinem heraus-

ragenden Städte-Slogan? Darüber breitet der hiesige Chronist den gnädigen Mantel diskreten Stillschweigens. Lassen Sie uns statt dessen doch nochmals genauer schauen, was die nördlichste Spitze unserer Republik sonst noch so aufzubieten hat!

Als einziges deutsches Bundesland bietet Schleswig- Holstein immerhin die exquisite Möglichkeit, den Sonnenauf- wie den Sonnenuntergang ein- und desselben Tages an zwei verschiedenen Meeren genießen zu können, ohne dafür die Landesgrenzen oder gar Zeitzonen passieren zu müssen. Eine unangefochtene Spitzen-Positionierung, für die man lediglich die Gestade zu wechseln braucht. Seefahrer, an Bord selbst hochseetauglicher Schiffe, können die grüne Landzunge sogar auf eigenem Kiel durchqueren, indem sie den stark frequentierten Nord-Ostsee-Kanal benutzen, der bei Brunsbüttel in die Nordsee mündet.

Seine östliche Mündung liegt an einer Stadt, die man selbstredend auch auf dem Landweg erreichen kann, beispielsweise mit dem Auto. Wie die motorisierten Bürger von Kusel können auch die dortigen Einheimischen den Austausch oraler Zärtlichkeiten im Schilde führen, allerdings deren englische Variante: Die Nummer KI-SS 1234 kann als Aufforderung zum exzessiven Knutschen verstanden werden, oder auch als Fan-Bekenntnis zur gleichnamigen Rockband aus den Achtzigern (die Älteren unter uns werden sich vielleicht noch an die stets bis zur Unkenntlichkeit geschminkten Rocker erinnrern). Generell bevorzugen die Bewohner der

Ostseemetropole jedoch das Bekenntnis zu ihrer randständigen Stadt. Sie trägt den sinnfälligen, weil äußerst maritimen Namen, den man dort auf genau 9999 Kfz.-Kennzeichen geprägt spazieren fährt. Sie haben's natürlich längst erraten, die Rede ist vom Rumpfteil eines Bootes oder Schiffes, bzw. von der fernen Stadt KI-EL!

Von dort oben arbeiten wir uns nun wieder langsam zurück in den Süden der Republik, genauer, zunächst in westlicher Richtung auf die Nordseeküste unseres nördlichsten Bundeslandes zu, weil wir auch dort wieder in Grenzbereiche vorstoßen, die einen Bekenntniszwang der besonderen Art auszuüben scheinen. In diesem Falle einen, der buchstäblich im Grenzbereich zwischen spiritueller und regionaler Zugehörigkeit angesiedelt ist.

Im Allgemeinen gibt es generell wohl mehr bekennende Gläubige als bekennende Heiden. Deswegen spricht man ja auch vom Glaubensbekenntnis, wohingegen das Heidenbekenntnis weithin eher unbekannt ist. Ganz im Gegensatz zur Heidenangst, die manche Gläubigen im Angesicht allzu überzeugter Andersgläubiger (oder auch unerbittlicher Gläubiger) zu befallen droht. Dabei ist die Heidenangst wirklich ein reines Privileg der Ungläubigen, sprich: Heiden (oder was man kirchlicherseits geneigt war, dafür zu halten), seit diese ahnungs- und gottlosen Geister unbarmherzig von bekehrungswütigen Kreuzrittern heimgesucht wurden. Denn für einen fundamental Gläubigen ist ein Andersgläubiger vielleicht gerade noch tolerabel (weil womöglich noch zum eigenen, und deshalb wahren Glauben zu bekehren), ein Ungläubiger hingegen erfüllt für viele den Tatbestand einer wandelnden Gotteslästerung, was in einigen Religionen (auch der fundamental christlichen) eine veritable Todsünde darstellt. Wenn sich also jemand als Heide zu erkennen gibt, ist er entweder sehr mutig, oder er/sie glaubt zumindest an das Gute, wenn schon nicht im Menschen, so doch in der Natur. Denn: „Im Wald und auf der Heide, da fand ich meine Freude"- so erging es schon weiland dem singenden Jägersmann, wenn ihm das Schöne, Wahre, Gute widerfuhr oder in Gestalt bisher unberührter Naturschönheit begegnete oder gar über den Weg lief. Woraufhin er dieser prompt erlag, um sie daraufhin ebenso prompt wie konsequent zu erlegen bzw. ihrer Unschuld zu berauben.

Und wir wissen jetzt, wenn wir eines Kennzeichens in der Art von HEI-DE 123 angesichtig werden, dass es sich entweder a) um einen bekennenden Nichtgläubigen handelt, oder b) um den Jägersmann auf der Pirsch auf eine weibliche Person des Namens Heide, alternativ c) um diese selbst, welche das gerne der Mitwelt kundtun will, oder d) um eine Person, welche einer anderen Person dieses Namens (oder womöglich sogar auch mehreren) persönlich sehr zugetan ist, oder wir es e) schlicht mit einem Heidebewohner oder einer -bewohnerin zu tun haben, genauer, mit einem Nummernbekenntnis zur Stadt Heide im Kreis Dithmarschen, in welchem diese holsteinische Schönheit beheimatet ist. Heidewitzka!

Überlassen wir ruhig die Nordlichter ihren heidnischen Bräuchen in den Niederungen ihrer Schnucken-Prärie, und wenden uns wieder heimischen Gefilden zu. Auf unserem unaufhaltsamen Rücksturz Richtung Baden-Württemberg lassen wir das Hoch im Norden hinter uns. Und da es Richtung Süden zwangsläufig abwärts geht (zumindest rein kartografisch), wir uns also, vom hohen Norden aus betrachtet, flugs auf Down-under zubewegen, vermeint unser Heimweh-umflorter Blick in der Ferne bereits die Münsterspitze aufblitzen zu sehen. Doch weit gefehlt, die Fata-Morgana ist vergänglich, buchstäblich nicht von DAUER, als wir vermehrt solche Autokennzeichen registrieren, die es bei uns im Ländle so sicherlich weit und breit nicht gibt.

Auch als uns ein DAU-M die Vorfahrt nimmt, sitzt nicht der skandalumwitterte Bundesliga- und designierte Bundestrainer zugekokst am Steuer, sondern eher jemand, der die Bundesstraße mit dem Nürburgring verwechselt. Nürburgring! Klar! Wir sind nicht in der Nähe von Ulm, aber ganz in der Nähe von Ulmen in der Eifel, wo es natürlich weit und breit kein Münster zu besteigen gibt, allenfalls die stumpfen Kegelspitzen erloschener Vulkane. Ulmen gehört allerdings zum Kreis Cochem-Zell, und ist damit derzeit chancenlos auf ein eigenes Autokennzeichen, welches den Ulmern irgendeine Form von dreister Konkurrenz machen könnte.

Und dann begegnen uns plötzlich immer mehr Automobile mit Daun-Syndrom, was natürlich nicht auf Inzest zurückzuführen ist, auch wenn manche stilistische Zumutungen der Autoindustrie diese Vermutung nahelegen könnten. Aber das ist ein weltweites Phänomen, und daher nicht auf eine bestimmte Region einzugrenzen. Außerdem nicht Bestandteil dieser Erörterung. Nein, dieses DAU-N-Syndrom ist genauso bekennerhaft wie das UL-M-Syndrom, nämlich nichts weiter, als die starke Empfindung einer lokalen Zugehörigkeit, welche über das individuelle Kfz.-Kennzeichen zum Ausdruck gebracht wird. In diesem Falle handelt es sich um die kleine Vulkaneifel-Stadt Daun, die wir nun ebenfalls getrost hinter uns lassen können, um uns endlich wieder dem einzig wahren und wirklich spitzenmäßigen Ulm zuzuwenden.

Wie eingangs bereits erwähnt, fällt den Ulmern wie auch den drumherum Eingemeindeten das Privileg zu, über die sprichwörtliche schwäbische Findigkeit zu verfügen. Diese lässt sie auch hinsichtlich ihrer lokalpatriotischen Bekennerschaft nicht im Stich. Weil Bildung nur denen zum Nachteil gereicht, die nicht darüber verfügen, zeigen sich die Schwaben ausnahmsweise einmal recht unbescheiden, wenn es darum geht, die behördlichen Restriktionen weidlich auszunutzen, um sich auch jenseits der verfügbaren 9999 Autokennzeichen mit der Buchstabenkombination UL-M explizit als Ulmer zu erkennen zu geben. Zu deutsch: wenn's drauf ankommt, kann der Schwabe auch Latein, und – schwupps – verdoppelt damit seine potenziellen Mög-

lichkeiten. Denn auf lateinisch nennt sich unsere alte Freie Reichs- und Münsterstadt „Ulma". Noch Fragen? Das Autokennzeichen des bekennenden Ulmer Bildungsbürgertums lautet demnach auf UL-MA.
Doch damit noch lange nicht genug, denn der Ulmer an sich ist nicht nur erfinderisch, sondern auch berüchtigt maulfaul, und geht betont sparsam mit Vokalen um. Und wenn er von sich selbst, sei es in der Ein-oder Mehrzahl, spricht, dann ist die Rede entweder vom „Ulmr" (Einzahl) oder von „die Ulmr" (Mehrzahl). Wenn Ihnen also ein Kfz-Kennzeichen mit UL-MR 123 begegnet, können Sie sicher sein, es mit mindestens einem waschechten, mundartfesten und bekennenden Ulmer zu tun zu haben. Womit wir nun endlich eines letztgültig bewiesen hätten: Keine andere deutsche Stadt- oder Kreisregion sonst bietet 29997 Bürgerinnen oder Bürgern so viel Identifikationsspielraum per Kfz.-Kennzeichen. An ihren Nummernschildern sollt Ihr sie erkennen!
A propos erkennen: Der Ausdruck lokaler Loyalität richtet sich ja nicht nur auf das städtische oder regionale Gemeinwesen, sondern schließt natürlich Institutionen, Wahrzeichen, und vor allem Vereine mit ein. Wem nun das doppelte Glück zuteil wird, sich per Autokennzeichen sowohl zu seinen heimatlichen Wurzeln zu bekennen, und gleichzeitig dem Verein seines Herzens huldigen zu können, der hat definitiv den Vogel abgeschossen. Und auch hier gilt das einsame Motto aller Spitzenreiter: Es kann nur Eine(n) geben!
Und dieser Eine war in diesem Fall ein eingefleischter Fan und jahrelanges treues Mitglied seines Heimatver-

eins SSV ULM 1846. Irgendwie hatte es der Mann bewerkstelligt, für sein neu erworbenes Familienfahrzeug das Kennzeichen UL-M 1846 zu ergattern – ein Haupttreffer, vergleichbar etwa mit einem Fünfer im Lotto (womöglich auch ebenso teuer erworben, wer weiß das schon?). Jedenfalls sonnte sich der brave Mann, zumindest eine gewisse Zeit lang, im ungetrübten Nummernglanz seines stets blitzblank erstrahlenden Autoschildes, bis..., ja bis er sich, buchstäblich über Nacht, schnöde seines Schatzes beraubt sah. Jemand hatte ihm seinen Spitzen-Status gründlich missgönnt, oder der Täter war womöglich ein noch fundamentalerer Anhänger des leider nicht besonders erfolgsverwöhnten Ulmer Fußballvereins. Oder aber einem Hooligan aus Aalen oder Heidenheim, den Erb- und Erzgegnern aus der provinzialschwäbischen Nachbarschaft, war die SSV-Bekennerschaft ein Dorn im Auge, wer weiß? Wie und wer auch immer nächtens und mit ruchloser Hand die Nummernschilder klaute, er fügte unserem Mann einen nicht wieder gut zu machenden Verlust zu. Denn einmal verloren oder per Diebstahl eingebüßt, kann ein Autokennzeichen nicht einfach nachgeprägt und ersetzt werden. Vielmehr wird es sofort zur Fahndung ausgeschrieben und gesperrt. Schließlich könnte damit ja durchaus auch krimineller Missbrauch getrieben werden. Auch wenn es in diesem Fall mit hoher Wahrscheinlichkeit als stolze Trophäe oder als Wandschmuck irgendeinen Partykeller ziert, war es damit ein für alle Male verloren für unseren arglosen Fan und Lokalpatrioten. Ein echtes Trau-

erspiel, nur noch zu toppen vom weiteren unaufhaltsamen Abstieg und Niedergang des Vereins selbst.
Aber wer sagt denn überhaupt, dass Spitzen immer in den Himmel ragen, oder auch nur nach oben weisen müssen? Schließlich sind gewisse Spitzen auch unterwärts nicht ohne Reiz, wie Mann weiß...

Wie übrigens der aktuelle Halter des Fahrzeugs mit der Nummer: UL-SV 1846 sein Kennzeichen bisher vor einem ähnlich ruchlosen und unwiderruflichen Übergriff bewahrt hat, ist uns derzeit nicht bekannt.

Massaker am Tugendpfad
Beziehungstragödie rund um die „Schwäbische Auster"

Es hatte erst vor kurzem aufgehört zu regnen und der Boden dampfte leicht, obwohl die Sonne schon wieder hinter fetten Wolken vergraben war.
Mit dem Dampf verbreitete sich intensiv der Duft nach Flieder. Mutter Natur schwelgte in ihrer Fruchtbarkeit und verströmte lasziv ihre Säfte.

Der letzte Schauer war kurz und heftig gewesen und ließ darauf hoffen, dass die jetzt eingetretene Regenpause etwas länger dauern würde.

Der Mann und die junge Frau traten aus dem Waldrand hervor, wo sie vor dem Regen Zuflucht gefunden hatten. Nach einem prüfenden Blick himmelwärts gingen sie weiter.
Sie sahen so aus, als seien sie zuvor schon nass geworden. Dennoch hatten sie es nicht übermäßig eilig, weiter voranzukommen.
Vielmehr trotteten sie eher trübsinnig und lustlos nebeneinander her wie ein altes Ehepaar, das sich nicht mehr viel zu sagen hat.

Der Spazierweg führte rings um die kleine schwäbische Ortschaft herum, bevor er sich etwas weiter oben im Wald verlor.
Ihrer Kleidung nach waren die beiden weniger Wandersleute als Spaziergänger, die im Blautopf-Städtchen zu Mittag gegessen hatten und sich jetzt ein wenig die Beine vertraten. Schweigsam stapften sie den aufgeweichten Weg weiter entlang.

„Tugendpfad" hatte auf einem der hölzernen Hinweisschilder gestanden. Der Mann war davor stehen geblieben und hatte den Namen belustigt laut vorgelesen. Die Frau hatte nur eine spöttische Bemerkung dafür übrig gehabt, dann waren sie weitergegangen.
Sie war ihm jetzt etwas voraus.
Es ging leicht bergauf, und der Mann konnte sehen, wie Ihre Absätze bei jedem Schritt tief in den vollgesogenen Boden einsanken. Er wollte etwas sagen, schwieg dann aber. Mit einer Miene, die eine Mischung aus Sorge und Fürsorge ausdrückte, blieb er ihr auf den Fersen.

Die Stelle, wo der Weg endgültig in den Wald einmündete, war etwa noch hundert Meter entfernt, als der Mann plötzlich stehenblieb.

„Sieh nur" sagte er, und deutete auf den Boden etwas seitlich am Wegesrand. Die Frau ging noch ein paar Schritte, bevor sie sich unwillig umdrehte.

„Was denn."

„Da" sagte er, und machte eine ungewisse Handbewegung.

„Ich seh' nichts!"
Ihr Widerwille war körperlich spürbar.

„Na, da, die Schnecke!"
Seine Geste wirkte in der Wiederholung noch hilfloser. Die Frau schaute gar nicht richtig hin und sagte nur: „Na und?" Sie drehte sich um und ging weiter.

Fasziniert beugte der Mann sich tiefer herab, um die Weinbergschnecke näher zu betrachten. Es war in der

Tat ein respektables Exemplar mit einem prächtigen Gehäuse. Ganz in der Nähe bewegten sich noch vier kleinere Weinbergschnecken, und auch drei orangefarbige Nacktschnecken schleimten sich ins Blickfeld. Offenbar hatte der Regen sie hervorgelockt.
Als der Mann wieder hochschaute, sah er seine Begleiterin bereits mit einigem Vorsprung weitergehen.

„He, warte doch!" rief er ihr hinterher. Seine Halbschuhe machten auf dem Wanderweg ein schmatzendes Geräusch, als er ihr mit großen Schritten nacheilte. Er hatte sie nach wenigen Metern erreicht.

„Warte doch!" sagte er nochmal, und griff nach ihrem Arm. Die Geste wirkte fast unterwürfig. Die Frau blieb stehen, machte aber keine Anstalten, sich ihm zuzuwenden. Sie schaute auf den Weg vor ihnen.

„Als ob es nichts wichtigeres gäbe als diese widerlichen Schnecken!" sagte sie leise.

„Natürlich!" Seine Stimme war einschmeichelnd.

„Natürlich gibt es wichtigeres, das weißt Du doch!" Mit den letzten Worten hatte er die Frau halb zu sich herumgedreht und schaute ihr ins Gesicht.
Sie schaute weg.

„Aber jetzt sieh' Dir das doch bloß mal an!" rief er dann aus. Sein Blick ging über ihre Schulter auf den Weg, auf dem jetzt jede Menge Schnecken in träger Bewegung waren. Allein in ihrer direkten Umgebung konnte der Mann mindestens acht große und mehrere kleine Weinbergschnecken zählen, dazwischen noch ein paar ganz kleine mit gelben Schneckenhäusern. Etliche Nacktschnecken in Farben von orange bis fast schwarz legten zwischendrin ihre schleimige Spur.

Direkt zu seinen Füßen glaubte der Mann eine Weinbergschnecke mit zwei Gehäusen entdeckt zu haben. Vorsichtig ging er in die Hocke, um sich das Exemplar genauer zu betrachten. Bei näherem Hinsehen entpuppte sich die vermeintliche Mutation als ein Paar etwa gleich großer Schnecken, die aneinander hoch gekrochen waren. Mit ihren schleimigen Unterflanken waren sie auf ganzer Fläche in inniger Verschmelzung verbunden.

„Sowas", sagte der Mann. „Sieht so aus, als hätten die Schnecken auch Frühlingsgefühle!" Mit einem leicht anzüglichen Grinsen schaute er zu der Frau hoch, die ihn die ganze Zeit ausdruckslos gemustert hatte. Jetzt lächelte sie höhnisch auf ihn herab.

„So!" war ihre ganze Antwort.

Der Mann wandte seine Aufmerksamkeit wieder dem Schneckenpaar zu. In nahezu statischer Ekstase klebten die seidig glänzenden Leiber aneinander.

Nur an den Rändern, seitlich am Unterleib, wölbten sich kleine Wülste, die anzeigten, dass sich die Mollusken überhaupt bewegten. An manchen Stellen trat seitlich das schleimige Schneckensekret aus.

Fasziniert gab sich der Mann dieser Betrachtung hin. Zaghaft berührte er mit seinem Finger einen der hervorgereckten Fühler, der sich sofort wieder in den Kopf des Weichtiers zurückzog. Einen Moment lang sah es so aus, als sei das Sinnesorgan unter der Berührung geschmolzen. Dann sah der Mann, wie das seidig glänzende Kopfglied langsam wieder aus dem weichen Schneckenfleisch emporwuchs wie ein sachte tastender Tentakel.

„Sieht richtig obszön aus, findest Du nicht?" Seine Stimme kam durch die hockende Stellung etwas gepresst.

„Macht es Dich etwa an?" provozierte sie.

Er schien sie nicht gehört zu haben.

„Hast Du gewusst, dass man die Weinbergschnecken hier früher auch als „Schwäbische Austern" bezeichnet hat? Und Austern sollen ja aphrodisierend wirken, wie man weiß!"

„Tatsächlich!" schnaubte sie.

Ohne auf ihren Ton zu achten, fuhr er fort, das innige Schneckenpaar ganz aus der Nähe zu betrachten.

„Dochdoch! Die Schnecken waren schon im 18. Jahrhundert eine gefragte Delikatesse, und wurden speziell in der Fastenzeit von Ulm aus die Donau hinunter verschifft. Vor allem die Österreicher der K.u.K-Monarchie waren ganz wild darauf!"

„Pfui Teufel!" Sie spuckte die beiden Worte regelrecht auf ihn hinunter.

„Schnecken sind Schädlinge, das weiß jedes Kind." setzte sie nach. „Weißt Du auch, was man macht, um sie zu vernichten?" Sie machte eine kleine boshafte Pause, um die Wirkung ihrer Worte auszukosten.

„Man lässt sie in Bier ersaufen. Ein humaner Tod, findest Du nicht? Oder man nimmt eine Gartenschere und - schnapp! ist es vorbei mit den Frühlingsgefühlen! Oder, noch besser, man bestreut sie mit Salz, das zieht ihnen sämtliche Säfte aus dem Leib. Sie werden regelrecht ausgelaugt, und alles, was schließlich von der ganzen Pracht übrigbleibt, ist eine widerlich-lommelige, eingetrocknete Schleimkruste!"

Mit einem kurzen gemeinen Auflachen drehte sie sich um und ging weiter. Den Mann durchfuhr ein Ruck, direkt aus der Hocke sprang er hoch und machte einen Schritt, um sie zu packen.

Im selben Moment wurde er von einem ekelhaften Knirschen am Boden festgeleimt. Es knatschte durch seine rechte Fußsohle und ließ ihn augenblicklich bewegungslos erstarren. Die widerwärtige Vorstellung von einem zerknackten Schneckenhaus drängte sich in seinen Schädel.

„So eine elende Scheisse!" quetschte der Mann zwischen den Zähnen hervor. Er sah der Frau hinterher, die gerade dabei war, auf ihrem weiteren Weg im Wald zu verschwinden. „Bleib' gefälligst hier!" brüllte er ihr nach. Sie ging ungerührt weiter, als hätte sie nichts gehört.

Endlich nahm er seinen Fuß von der zermalmten Masse, die eben noch ein glücklich vereintes Schneckenpaar gewesen war. Auch ohne sich das Unglück näher zu besehen, war ihm klar, dass seine Opfer jetzt eine formlose Melange mit dem aufgeweichten Untergrund bildeten.

Mit einem saftigen Fluch humpelte er zum Wegesrand, um sich die Sohle zu säubern. Beim Anblick der unschönen Schnecken-Schweinerei hatte er kurz die absurde Vorstellung einer Fehlgeburt.

Er brauchte jetzt dringend eine Zigarette, die er fahrig hervorfummelte und mit zitternden Fingern anzündete. Nach den ersten hastigen Zügen hielt er lustlos weiterrauchend eine kurze Totenwache, bevor er den Zigarettenstummel zischend im Morast auslöschte.

Dann setzte er sich langsam wieder in Bewegung auf dem Weg, den die Frau genommen hatte, immer sorgfältig darauf bedacht, im Weitergehen nicht noch einmal auf eine Schnecke zu treten. Das erwies sich als nicht einfach, denn der weitere Pfad war jetzt förmlich gespickt mit den schleimigen Kriechtieren, was ihn zwang, sorgfältig seine Schritte zu setzen. Er war noch nicht sehr weit gekommen, da sah er sie.

Seine Wut auf die Frau verwandelte sich schlagartig in lähmendes Entsetzen, als er das Gemetzel sah. Er brauchte einen Moment, bis er das grausige Geschehen in seiner ganzen Tragweite erfasste. Von ihr war nichts mehr zu sehen. Nichts bis auf die unübersehbare Spur ihrer Absätze. Und natürlich die Schnecken. So viele auf einem Haufen konnte es doch überhaupt nicht geben!
Beim ersten Hinsehen wollte er noch an einen Irrtum seiner gereizten Sinne glauben, aber es gab gar keinen Zweifel an dem schockierenden Szenario, das sich unbarmherzig vor ihm offenbarte.

Benommen starrte er auf den Weg, den seine Gefährtin gerade eben noch genommen hatte.
Ihn schwindelte, und er musste an einem Baumstamm Halt suchen. Dessen säuberliche Kennzeichnung signalisierte ihm, dass es sich um eine Ulme handelte, und er sich immer noch auf dem Tugendpfad befand.
Die Information hatte jedoch keine Chance, in sein Bewusstsein durchzudringen. Es weigerte sich, das entsetzliche Bild aufzunehmen: Der aufgeweichte Waldpfad glich jetzt einer einzigen schleimigen Kriechspur.

Auf grauenhafte Art ließ er an einen gigantischen zerschnetzelten Schneckenkörper denken, auf dem sich eine unüberschaubare Anzahl kleinerer Schnecken versammelt hatte. Ein bräunlich-weißer, trittweicher Organismus, übersät mit gierig saugenden blutleeren Egeln, so schien es. Eine träge wabernde Kontur auf dem Wegboden, der aussah, als sei er mit Schnecken gepflastert. Und fast alle waren zerquetscht.

Wohin sein suchender Blick auch irrte, traf er auf zertretene Schnecken. Zermalmte Weinbergschnecken. Zermatschte Nacktschnecken. Zerschmetterte Schneckengehäuse, aus denen schleimige Schneckenreste hervorquollen. Gleich drei Schnecken auf einmal waren zwischen zwei Steinen zermanscht. Andere waren mit dem Absatz zertrampelt. Die meisten waren im Darüberlaufen zu Brei zerquetscht worden, einfach breitgetreten, niedergetrampelt und plattgemacht. Geschändete Kreaturen in metaphysischer Auflösung. Die glipschigen Überreste waren mit dem feuchten Untergrund des lehmigen Waldwegs zu einer grauenerregenden Masse verschmolzen.

Und die restlichen Überlebenden dieses Massakers machten sich nun über die grausam gemetzelten Opfer ihrer Artgenossen her, als gäbe es nichts Verlockenderes als dieses entsetzliche Schnecken-Sorbet! Was vorhin noch ein erregender Akt gegenseitiger Umschlingung gewesen war, bot sich jetzt als grausamer Akt des Verschlingens dar. Mit kannibalischem Eifer hatten diese vermeintlich harmlosen Kreaturen ihr wehrloses Fressen gefunden und waren dabei, sich unaufhaltsam träge darüber herzumachen.

„Aufhören, sofort aufhören!" schrie der Mann, obwohl es offensichtlich nichts mehr zu retten gab. Mit einem Stock, den er schnell am Wegesrand auflas, versuchte er ebenso fieberhaft wie vergebens, die gnadenlos zielstrebigen Weichkreaturen von ihrem schändlichen Opferfraß abzubringen. Es war zwecklos.

Der Mann taumelte, während zäh würgender Ekel in ihm hochstieg. Mit allergrößter Selbstbeherrschung schaffte er es, sich nicht zu erbrechen.

Halb betäubt machte er kehrt, um diesem Alptraum zu entgehen. Auf dem Weg zurück in den Ort achtete er nicht mehr auf die Schnecken, die in immer größerer Zahl hervorgekrochen kamen und seinen fluchtartigen Rückzug kreuzten. Etliche von ihnen blieben auf der Strecke. Der Mann merkte es nicht mehr. Er wollte nur noch heraus aus diesem Wald, herunter von diesem Horrorpfad, und er wusste nur eins: er würde sich von seiner Frau scheiden lassen.

Vogelperspektive

Spîtzen-Reimereien auf den Ulmer Spatz

Den Sperling oben auf dem First
Du nimmer fliegen sehen wirst

Er ist zu schwer, er ist aus Stein
Wohl sollt' er eine Taube sein

Womöglich gar auch eine Dohle,
auf dass ihn keine Katze hole

In die Lüfte stieg er nie -
beflügelt so die Fantasie

über Erträge, Land und Ähre -
jenseits aller Erdenschwere

Im Schnabel trägt er dieses Reis,
von dem so keiner richtig weiß

ist's nun ein Ölzweig oder Halm,
von welchem handelt jener Psalm:

„Gepriesen sei der Braven Fleiß
im Angesicht von Not und Schweiß"?

Die Lerche unter Gottes Himmel
singt über emsigem Gewimmel

Liliengleich und vogelfrei
gedeiht sie in der Walachei

Ganz ohne Saat und ohne Ernte,
noch ohne, dass sie je 'was lernte

Befreit von jedem Arbeitsjoch
nährt sie unser Herrgott doch

Doch den Schwaben ficht das nicht,
der Schweiß steht ihm im Angesicht

Ist ihm das Leben noch so gram,
der Ulmer, er bleibt arbeitsam

Drum ist sein liebster kleiner Schatz
wohl nicht die Lerche, mehr der Spatz:

Mit sprichwörtlichem Schwabenfleiß
sammelt er so manches Reis

und trägt es flugs zu seinem Nest
vertrauensvoll und glaubensfest

So steht er, ganz in Stein gehauen,
zu Gottes Lob hinauf zu schauen

Ein weithin sichtbares Symbol
für Arbeit, Anstand, Standeswohl

So vieles ist wohl für die Katz'
So vieles, doch: nicht dieser Spatz!

Die Taube lasst ruhig auf dem Dache,
die Taube ist nicht uns're Sache

Was wirklich zählt im Schwabenland,
das ist der Spatz in uns'rer Hand!

Nur in Bezug auf seine Größe
da geben wir uns keine Blöße

Der Ulmer Spatz, so muss das sein
ist eher taubengroß als klein

und auch recht schwer, drum bleibt er dort,
wo er grad' sitzt, und fliegt nicht fort

Ein Sperling ganz besond'rer Art
so wohlgenährt – wer hat, der hat!

So ist das mit den Ulmer Spatzen
sie pfeifen's von den Ulmer Spitzen:

Was soll das Schuften, soll das Schwitzen?
Viel schöner ist es, zu besitzen!

Ulmer Comics handgemacht
auf T-Shirts, Tassen etc. gibts
bei **David Beckham Comics**
www.**ULMROCKS**.com

Der Haarschneider von Ulm
Frisur? Friseur? Coiffeur? Uuuund cut!

Ich bin anscheinend ein eher altmodischer Typ, das sagt jedenfalls mein alter Freund Robert, und der muss es wohl wissen. Schließlich ist er einer dieser Marketing-Experten, die unsere intimsten Geheimnisse, Wünsche und Bedürfnisse nicht nur kennen, bevor wir selbst sie überhaupt je bei uns vermutet hätten. Nein, sie ruhen auch nicht, sie unermüdlich zu Tage zu fördern, um sie dann umso unerbittlicher zu befriedigen. Und so sagte er es mir bei einem unserer letzten Treffen auf den Kopf zu:

„Du bist doch auch einer von der Sorte, die noch zum Friseur gehen, stimmt's?"

Was soll man darauf antworten: „Nein, ich schneide mir die Haare selbst, das sieht man doch?"

Ich sah ihn an, sah seine makellose, mit dezentem Gelauftrag veredelte topmodische Frisur, und fragte ich mich einmal mehr, worauf unsere seltsame Freundschaft sich eigentlich gründet.

Vollends sprachlos machte er mich, als er dann fortfuhr:

„Wer, der auch nur noch ein Fünkchen Sozialprestige zu verlieren hat, geht heute einfach nur „zum Friseur"? Doch kein Mensch! Man hat einen Termin bei seinem/ihrem ganz persönlichen Hair-Stylisten, seiner Haar-Hostess, seinem Trimming-Team, dem privaten Coiffure-Consultant oder dem Full-Service-Figaro. Und wenn man sich zu gut für einen schnöden Frisiersalon ist, dann sollte es aber mindestens eine Hair-Lounge sein. Das meine ich. Da hat sich eine ganze Handwerksbranche von Grund auf neu erfunden, ja revolutioniert, und Du hast es wahrscheinlich noch nicht einmal bemerkt. Wahrscheinlich gehst Du sogar seit 20 Jahren zum selben Haarschneider!"

Den letzten Begriff hatte er visuell in Anführungszeichen gesetzt, wofür ich ihm gerne eine Kopfnuss verpasst hätte. Aber wieder einmal hatte er mich voll erwischt. Gerade deshalb gab ich ihm jetzt so richtig kontra:

„Bingo, Herr Pomadenheini, jawohl, es stimmt, ich gehe seit über 20 Jahren zum selben Friseur, nein, viel schlimmer: zum Herrenfriseur! „Herrenfriseur" ich weiß, so etwas gibt es zu Zeiten von „Haute Coiffure", Flatrate-Figaros und Hairstyling-Studios ja gar nicht mehr. Und welch' fantasiebegabte Selbstinszenierung so mancher Haar-Artist da heute treibt! Es ist buchstäblich haarsträubend: Ob „Schnittpunkt" oder „Stylewerk", ob „Kamm-In" oder „Haarmonie", ob „Hairport" oder „New Hair", ob „James Blond" oder „Monsieur Cheveux", ob „4-Haareszeiten", ob „Haarscharf"... - daneben ist einfach daneben, finde ich. Die Trennlinie zwischen simplem Haarschneider und purer Aufschneiderei ist eben alles, nur nicht haarfein."

Jetzt hatte ich mich wirklich in Rage geredet, und das über ein Thema, das mir im Grunde so wichtig ist wie Frage, ob Ronald Pofalla ein Toupetträger ist, oder ob er schon immer so verboten aussah.

Deshalb legte ich gleich noch einen nach:

„Warum denn nicht gleich: „Lausefalle", „Haar-Schuppen", „Kopf-Jäger", besser noch: „Hair-Hunter",

„Haar-Spalter", „Zum Schnitter", „Killer-Locke" oder dergleichen mehr „Fair-hairenden" Blödsinn?"

Auch ich hatte den letzten Begriff meiner Ausführungen mit ironisch-luftigen Anführungszeichen garniert, um die Lächerlichkeit zu unterstreichen. Erschrocken über mich selbst fuhr ich etwas sachlicher fort:

„In solch' einem aufgemotzten Tempel künstlicher Eitelkeiten käme ich mir einfach deplatziert vor. Man schämte sich ja regelrecht, einfach nur Haare auf dem Kopf zu haben, die es womöglich lediglich zu kürzen gilt. Keine Substanzauffrischung, keine Aufhellung, keine Extensions, keine Haarkur-Packung, keine Volumenbehandlung? Und was ist mit den Spitzen, da sollten wir aber dringend etwas machen, der Herr! Kopfhautmassage vielleicht? Ach, waschen auch nicht?? Einfach nur schneiden? Mit der Maschine?! Nichts gegen ein zeitgemäß angepasstes Geschäftsmodell, verehrte Damen und Herren der marketingoptimierten Friseurzunft, aber man sollte vielleicht manchmal einfach 'mal die Haare auf dem Kopf lassen!"

„Ich wusste es, Du bist ein hoffnungsloser Fall!" grinste mich mein Marketing-Kumpel an, und bestellte noch zwei Biere. „Dito" gab ich ihm zurück, und ergänzte: „Auf jeden Fall werde ich Dir nicht verraten, zu welchem Friseur ich gehe!" Den restlichen Abend unterhielten wir uns weiter über unverfängliche Männerthemen wie Fußball und Frauengeschichten.

Als ich später dann auf meinem Heimweg über die Frage nachsann, was uns oft so lange an lieben Gewohnheiten oder auch an schrägen Freundschaften festhalten lässt, kam ich zufällig am um diese Zeit

längst geschlossenen Salon meines Friseurs vorbei.
„Absurde Idee, irgendwo anders hinzugehen", dachte ich. Besonders, wenn man, wie ich, einen guten Friseur gefunden hat. Da bin ich ganz schwäbisch. Sie können aber ruhig auch sagen: altmodisch, damit habe ich kein Problem.

Aber: wie findet man einen richtig guten Friseur, und woran erkennt man ihn?
Ich meine vor allem jene Ewiggestrigen wie mich, die sich nicht von ihrer „Friseur-App" zum nächstgelegenen, super-angesagten Hipster-Haarschnipsler navigieren lassen, lieber Robert!

    Für mich ist es vor allem die Gabe, zu schweigen, die einen richtig guten Friseur auszeichnet. Zumindest, wenn es sich um einen Herrenfriseur handelt. Und ich rede hier nicht von der Fähigkeit, diskretes Stillschweigen über all' die geschwätzigen Geheimnisse und Indiskretionen zu bewahren, welche ihm im Laufe seiner langen Arbeitstage so zu Ohren kommen. Ich meine das instinktive Feingefühl, das es ihm erlaubt, im entscheidenden Moment einfach den Schnabel zu halten und nichts weiter zu tun, als konzentriert seiner Arbeit nachzugehen. Na gut, Haare schneiden sollte er natürlich auch können.

    Herr Scherer ist ein solcher Friseur – ein grundsolider Handwerker so recht nach meinem Herzen, deshalb halte ich ihm auch, fast schon so lange ich hier in Ulm ansässig bin, die Treue.

Wie heißt es so schön: dem Frisör ist nichts zu schwör. Gerade auch in Ulm, das ja eine jahrhundertealte Schwörtradition vorzuweisen hat, steht deshalb dieses eitle Handwerk in schönster Blüte. Schließlich fällt der Schwörmontag, als fast schon geheiligter Ulmer Feiertag, immer auf einen Montag, und dieser erste Wochentag ist traditionell ja auch der freie Tag des Friseurhandwerks.

Dieser Tatsache ist es überhaupt zu verdanken, dass ich seinerzeit auf den Laden von Friseur Scherer gestoßen war. Zu jener Zeit konnte es durchaus noch passieren, dass ich für einen Friseurbesuch buchstäblich „keinen Kopf" hatte, mit dem Ergebnis, dass mein Erscheinungsbild manchmal etwas zu wünschen übrig ließ. Umso mehr, als mir einstmals zwar kein kräftiger, zumindest aber noch ein halbwegs voller Haarschopf zu Gebote stand – manchmal eben etwas zu voll. Dann war es an der Zeit, einen Friseurbesuch anzustreben. Üblicher Weise suchte ich dazu einen Salon in der Stadt auf, wo mir die ausführende Frisierkraft angenehm von Erscheinung und Wesen war, sodass ich mich entspannt in ihre kundigen Hände begeben konnte. Da die junge Dame, übrigens sowohl mit Migrations- als auch mit Ondulationshintergrund, zudem eine angenehm unaufdringliche Art hatte, Konversation zu machen, ging ich recht gerne dorthin, obschon ich es auch damals schon vorzog, die Prozedur der Haarschur eher schweigend über mich ergehen zu lassen.

Wie es der Zufall wollte, sah ich mich eines Montags überraschend von einer wichtigen Terminsache beansprucht, welche am selbigen Nachmittag stattfinden sollte. Ein kritischer Blick in den Spiegel, und ich wusste, ich hatte ein Problem: mit dieser Frisurkarikatur konnte ich ganz unmöglich einem potenziellen und verheißungsvollen Neukunden gegenübertreten!

Nun ist Deutschland bekannter Maßen das ordnungsliebende Land der Zwänge wie auch der Zünfte, jedenfalls war es das in manchen Bereichen bis gegen Ende des letzten Jahrtausends noch, bevor die europäische Vereinigung, die Globalisierung und weitere Segnungen fortschrittlichen Zuschnitts uns noch ganz andere bürokratische Auswüchse und Beschränkungen auferlegten. Kurz: wie man sich vielleicht noch erinnert, und wie es auch heute noch verbreitet Brauch ist, haben Friseure Montags Ruhetag. Geschlossen. Zu. Dicht. Schicht. Fermé. Das geht noch auf die Zunftordnung der Bader und Barbiere zurück, die ihrerseits irgendwann im Mittelalter verankert ist, denken Sie? Falsch, das dachte ich damals aber auch. Tatsächlich jedoch handelte es sich hierbei um eine Rest-Errungenschaft aus den 50er Jahren zum Wohle der Arbeitnehmer des Friseurhandwerks, gedacht als Ausgleich für deren Samstagsarbeit. Also eine Sache mit guter alter Tradition. Gut für die Barbiere, schlecht für leicht verzauselte Kavaliere wie mich.

Dessen wurde ich mir schmerzlich bewusst, als ich seinerzeit, eines Haarschnitts dringend bedürftig, vor dem verwaisten Salon meiner Stammfriseurin stand. Klar! Montag! Merde!

Gegen jede Vernunft machte ich mich stehenden Fußes auf die Suche nach einem rebellisch gesinnten Haarschneider, der vielleicht, den Gebräuchen der altväterlichen Handwerksordnung zuwider handelnd, doch geöffnet haben könnte. Ein Unterfangen, das etwa so verwegen ist, wie einen anarchieverdächtigen Schwaben zu finden, der die Kehrwoche ignoriert. Ebenso rat- wie ziellos irrte ich durch die unergründlichen Schluchten unserer Münstermetropole, immer weiter abdriftend in immer entlegenere Sträßchen und Gassen, derer ich früher kaum je ansichtig geworden war. Schon wälzte ich erschreckende Gedanken, wie den, selbst Hand an mich zu legen, um auf dem Wege einer testalen Radikalenthaarung per Rasierapparat so etwas wie ein halbwegs gesellschaftsgängiges, wenn auch extremes Äußeres meiner Person herzustellen. Schließlich hat man einen Charakterkopf.

Von dergleichen barbarischer Prozedur sollte dieser jedoch dankenswerter Weise verschont bleiben, denn ein gütiges Schicksal zeigte mir von Ferne einen verheißungsvoll in der Sonne blinkenden Friseurteller. Eines jener heute leider komplett aus dem Straßenbild verschwundenen Relikte zunftgemäßer Werbeikonografie, zu deutsch: ein charakteristisches Erkennungszeichen, vergleichbar vielleicht mit dem vertrauten und immer noch gebräuchlichen Apotheker-"A". Den Friseurteller sah man früher gelegentlich auch in Kombination mit der „Zuckerstange", jenem rot/weiß-geringelten senkrechten Zylinder, der leise im Wind um die eigene Achse rotieren konnte.

Oft und gerne wurde dieser fälschlicher Weise auch für einen stilisierten Leuchtturm gehalten – eine bis in heutige Zeiten speziell in der Ulmer Region verbreitete Fehlinterpretation, besonders unter Menschen, die Weitblick mit Durchblick und Aussicht mit Einsicht verwechseln: sie tendieren dazu, an jeder Ecke einen Leuchtturm zu gewahren, um flugs ein entsprechend weitreichendes „Leuchtturm-Projekt" auf den Weg zu bringen.

Aber längst nicht alles, was himmelwärts zu streben scheint, führt schon zur Erleuchtung – selbst nicht in unserer Münsterstadt. Und bei weitem nicht alles, was bei manchen Entscheidungsträgern euphorische Höhenräusche auslöst, eignet sich als sogenanntes „Leuchtturm-Projekt". Oder wie es unser Alt-Bundeskanzler Schmidt einmal so treffend zu bemerken beliebte: „Wer Visionen hat, sollte besser zum Arzt gehen." Freundlicher von mir ausgedrückt: „Wer sich zu sehr auf den Weitblick konzentriert, übersieht leicht das Naheliegende."

Aber das ist in der heutigen Ära subtilst ausgefeilter und sündteurer Stadtmarketing-Strategien eine ganz andere Geschichte. Die werde ich gelegentlich meinem Freund Robert um die Ohren hauen.

Seinerzeit jedenfalls, in jener bis heute wohltuend bescheiden anmutenden Gasse, baumelte nur der einfache, von zwei dünnen Kettchen gehaltene Friseurteller vor dem Eingang. Einer glitzernden Fata Morgana gleich, fing er meinen suchend in die Weite gerichteten Blick ein, mir in der montäglichen Dienstleistungswüste eine unverhoffte Haarpflege-Oase verheißend. Und dann das Wunder: im Näherkommen sah ich die Türe darunter tatsächlich einladend offen stehen. Etwas zögerlich traute ich mich an die Schwelle, halb in der Erwartung, umgehend wieder hinweg komplimentiert zu werden. „Nein, wir machen nur Inventur, aber kommen Sie gerne morgen wieder!" Oder es wäre nur die Putzfrau anwesend, die den montäglichen Ruhetag für ihre wöchentliche Reinigungsprozedur nutzte? Verzweiflung macht mutig. Entschlossen betrat ich den kleinen Friseurladen.

Nachdem sich meine Augen an die Lichtstimmung im Innern gewöhnt hatten, fiel mein erster Blick auf eine gerahmte Urkunde an der Wand, welche einen gewissen Stefan Scherer als Meister seines Handwerks auswies. Das schien mir ein gutes Omen, allein schon wegen der sinnfälligen Übereinstimmung von Namen und Profession. Hier hatte ich es offenbar mit einem Menschen zu tun, dem seine Berufsbestimmung schon an der Wiege gesungen worden war. Derart mit Vertrauensvorschuss ausgestattet, wurde ich auch des Mannes gewahr, dem dieser Titel höchstwahrscheinlich zugehörte. Er musste es sein, denn sonst war, zu meiner gelinden Überraschung, weiter niemand anwesend. Der Mann wirkte unspektakulär zurückhaltend für einen Friseur, eher wie ein Fachverkäufer für Berufskleidung, und trug einen längeren Bürstenschnitt, ganz ähnlich meiner üblichen Standardfrisur, was ihn mir spontan sympathisch machte. Ich wurde von ihm mit einem freundlichen „Grüß Gott!" begrüßt, dessen rheinländischer Zungenschlag unverkennbar war.

„Guten Tag" antwortete ich artig, und schob etwas zaghaft hinterher: „Sie haben geöffnet?"

„Selbstverständlich!" kam es kurz und freundlich zurück.

So ergreifend einfach können stabile Kundenbeziehungen angebahnt werden.

Wie sich herausstellen sollte, stammt Herr Scherer, wie ich selbst, definitiv nicht aus Ulm.
So etwas schweißt zusammen, meinen Sie? Nein, das ist gewiss nicht der Grund für unsere langjährige Weggemeinschaft. Es war auch nur einmal Thema in einer unserer ganz wenigen, etwas ausführlicheren Konversationen ganz am Anfang unserer so stabilen Dienstleistungsbeziehung.
Bei dieser Gelegenheit erfuhr ich auch, was Herrn Scherer „nach Ulm verschlagen" hatte.
Denn mit dieser Frage sah ich mich von ihm zunächst konfrontiert, nachdem ich in seinem Frisierstuhl Platz genommen hatte. Er hatte wohl ebenfalls sofort herausgehört, dass ich nicht von hier komme.

„Und, was hat Sie hierher nach Ulm verschlagen?"
Auffälliger Weise ist dies die stereotype Formulierung, mit der man, als erkennbar nicht der hiesigen Sprachgemeinschaft Zugehöriger, nach dem Grund seines Hierseins gefragt wurde und wird.
Als läge es für den Fragesteller außerhalb seiner Vorstellungskraft, dass man etwa aus freien Stücken in

diese Stadt gekommen sein könnte. Schon gar nicht, um womöglich längerfristig hier zu verweilen oder gar zu leben. Das gibt einem zu denken.
Was ist davon zu halten? Handelt es sich hier nur um eine krause Marotte, oder steckt da etwa mehr dahinter, was meinen Sie?

Achtung, jetzt wird's psychologisch, meine Damen und Herren: Mein Gesprächstherapeut nämlich (dem ich wegen diverser Irritationen, welche an dieser Stelle nicht weiter von Belang sind, ebenfalls schon länger treu verbunden bin, und den ich ähnlich unregelmäßig wie meinen Friseur aufzusuchen pflege) hatte auf meine diesbezügliche Nachfrage einst einen überzeugenden Erklärungsansatz zu bieten:

„Interessant, dass Sie das ansprechen, ich hatte mir darüber auch schon 'mal so meine Gedanken gemacht." sagte er, und fügte ergänzend hinzu:
„Ich selbst stamme nämlich auch nicht aus Ulm, und kenne das Phänomen."

„Wahrscheinlich", so fuhr er in seiner Ausführung fort, „handelt es sich meist um eine Art solidarischer Verbrüderungsbekundung, mit dem unbewussten Wunsch, eine Gruppenzugehörigkeit herzustellen. Basis hierfür ist die Erfahrung gemeinsam erlebten Schicksals, welches in erster Linie als belastend empfunden wird. Insofern stellt die Leidensgenossenschaft ein gleichermaßen verbindendes wie entlastendes Element für den Fragesteller dar."
Mit schwirrte der Kopf. Sollte es wirklich doch so schlimm sein?

Schon bereute ich, die Frage überhaupt gestellt zu haben, da wurde er konkreter:

„Ich will das vielleicht anhand eines Beispiels kurz erklären. Variante Eins: Der Fragesteller/die Fragestellerin stammt, wie Sie und ich, selbst nicht von hier, und benutzt diese Frageformel, welche ja suggeriert, dass man unfreiwillig hier ist.

Erste mögliche Schlussfolgerung: Er/Sie ist selbst auf Grund widriger Umstände hier gelandet (z.B. berufsbedingt oder als Soldat/Soldatin, wg. Strafversetzung, Heirat, Knast o.ä., - suchen Sie sich etwas passendes heraus -), hat aber den Absprung dann nicht mehr geschafft, und sich zwischenzeitlich eher notgedrungen mit dem Leben hier arrangiert. Solche Schicksale gibt es überall."

Das klang einleuchtend, deshalb nickte ich zustimmend, was ihn ermunterte fortzufahren:

„Zweite Möglichkeit: Er/Sie ist irgendwann einmal freiwillig nach Ulm gekommen (z.B. der Liebe wegen), hat die Stadt dann später aber aus diversen Gründen als so unattraktiv empfunden (z.B. nach der Scheidung), dass es den seither unerfüllten oder bisher unerfüllbaren Wunsch gibt, ihr bei nächster sich bietender Gelegenheit wieder den Rücken zu kehren. Auch nicht sehr erfreulich, und deshalb prädestiniert für eine Projektion nach dem Muster: „Hier kann doch kein Mensch freiwillig bleiben wollen!".

Das klang mir jetzt irgendwie beunruhigend vertraut, weshalb ich froh war, dass er, von seinem professionellen Fahrwasser mitgerissen, fortfuhr:

„Dritte mögliche Schlussfolgerung: Der/die Fragesteller(in) fühlt sich selbst mittlerweile so gut hier integriert, dass man Zugereiste, Gestrandete, Kulturvagabunden, Wirtschaftsflüchtlinge, Hängengebliebene, Eingeheiratete, also: „Rei'gschmeckte" eher mitleidig duldet und belächelt, oder im besten Falle wohlwollend solidarisch einbezieht, wohl wissend, dass sie ohnehin nie wirklich dazugehören werden, nach dem Motto: „Willkommen im Club!"

Ich selbst übrigens bevorzuge generell die Frageformel: „Und was hat Sie in unsere schöne Stadt geführt?" ergänzte er nach einer kurzen Pause, in der er mich nachdenklich gemustert hatte. Bevor ich ihm diese für mich verfängliche Frage noch hätte beantworten können, schaute er jedoch auf die Uhr, und verabschiedete mich bis zu unserer nächsten Sitzung.

Herr Scherer, mein Haartherapeut, wenn man so will, ist wohl definitiv den Kategorien Eins und Drei zuzuordnen. Bereits in den Siebzigerjahren hatte es den zwangsverpflichteten Wehrdienstleistenden nach Ulm „verschlagen", allerdings hatte ihm sein Standort von Anfang an gut gefallen. Mit dem Ergebnis, dass der gebürtige Rheinländer sich erst in die Donaustadt und wenig später in eine ihrer Bewohnerinnen verguckte, diese alsbald ehelichte, um sich dann vor Ort anzusiedeln. Dankenswerter Weise verzichtete er auf das Angebot seiner Kaserne, sich dort als Standortfriseur niederzulassen, sondern entschloss sich, nachdem er seinen Meister gemacht hatte, sein Handwerk hinfort selbstständig in der Ulmer Innenstadt auszuüben.

Sehr zu meinem Vorteil, denn auf diese Art kam ich zu meinem ersten montäglichen Haarschnitt außerhalb zunftmäßiger Öffnungszeiten.
Und so fand ich mich nun dort auf seinem Stuhl mit ebenjener legendären Frage konfrontiert.
Eigentlich war ich wie üblich eher nicht zur Konversation aufgelegt, sah mich jedoch auf Grund seiner montäglichen Dienstbarkeit moralisch dazu verpflichtet. Statt ihn aber mit meiner Vertriebenenstory vom Wirtschaftsflüchtling zu langweilen, begann ich, ihm die Ausführungen meines Gesprächstherapeuten zu der Frage darzulegen. Bevor es noch zu haarspalterisch werden konnte, unterbrach er mich:

„Und wie ist das, wenn ein Einheimischer Sie das fragt?" Zwischenzeitlich war ein weiterer Kunde, ein älterer Mann, in den Laden gekommen, und hatte auf einem der zwei Wartesesselchen hinter mir Platz genommen. Scheinbar wahllos hatte er aus dem Stapel eine der ausliegenden Zeitschriften gegriffen, und begonnen sie flüchtig durchzublättern.

„Naja", entgegnete ich, „von den Einheimischen werden wir „Rei'gschmeckte" oft ja eher ein bisschen mitleidig geduldet und belächelt. Vielleicht stellen die uns also diese Frage im Bewusstsein, dass wir ohnehin nie wirklich dazugehören werden." Bei dem Wort „Rei'gschmeckte" hatte ich im Spiegel sehen können, wie der Mann kurz das Gesicht verzog. Offensichtlich hörte er zu. Und offensichtlich war er ein Schwabe, dem mein Amateurschwäbisch zu missfallen schien. Ich beschloss, keine Rücksicht darauf zu nehmen.

„Vielleicht ist es ja auch so", fuhr ich fort, „dass Der- oder Diejenige einfach den unerfüllten oder aus unerfindlichen Gründen unerfüllbaren Wunsch verspürt, der als unattraktiv und provinziell empfundenen Heimatstadt den Rücken zu kehren. Eine klassische Projektion, wie mein Therapeut sagen würde: „Weil Ich selbst mir nicht vorstellen kann hier zu leben, kann ich mir umso weniger vorstellen, dass andere das womöglich freiwillig tun. Solche Querulanten gibt es in jeder Stadt."
Diesmal war keine Reaktion an dem Mann zu beobachten, deshalb schob ich noch einen Scheit nach:

„Oder der Ulmer an sich leidet an einem fast schon pathologischen Minderwertigkeitskomplex gegenüber dem Rest der Welt, welcher ihn irgendwann sogar dazu getrieben hat, seine Heimatstadt mit dem höchsten Kirchturm der Welt zu schmücken. Hat aber auch nichts geholfen, leider."
Jetzt legte der Mann seine Zeitschrift schwungvoll zurück auf den Stapel.

„Da brauchet Sui sich it wond're, wenn mir über eich Rei'gschmeckte lachat! Mir händ' hier koi Minderwertigkeitskompläx, des hend' mir goar it needig, so ebb's neumodisch's G'schieß!"

Ich schwieg betroffen, sprachlos angesichts der schwäbischen Suada, von der ich tatsächlich nur Bruckstücke verstand. Herr Scherer schnitt ungerührt weiter und lächelte fein, dann sagte er :

„Sie brauchen das nit persönlich nehmen, Herr Botzenhardt (wobei der Nachname aus seinem Mund klang wie der eines niederrheinischen Flussschiffers), dat war jetz' rein theoretisch, der Herr meint et jewiss nit bös!"

„Ich fei au' it, ich sag's halt bloß wie's isch!" bruddelte Botzenhardt, dabei fixierte er mein Spiegelbild, welches sich nun beeilte, dem Friseur beipflichtend, die Lage zu entschärfen:

„Wie der Herr Scherer ganz richtig sagte, haben wir uns bloß rein theoretisch gefragt, warum die Leute hier immer wissen wollen, was einen „nach Ulm verschlagen" hat. Außerdem ist das mit dem Minderwertigkeitskomplex nur eine Theorie von meinem Gesprächstherapeuten!" fügte ich, einer zutiefst opportunistischen Regung folgend, hinzu.
Das verfehlte nicht seine Wirkung:

„Ja, g'scheid daherschwätza, des könnet se fei'!"
Mein Therapeut wäre angesichts meiner instinktiven Deeskalationsstrategie sicher stolz auf mich gewesen. Deutlich selbstsicherer fuhr ich fort:

„Ich selbst glaube ja eher, dass es einfach Ausdruck der typischen Ulmer Bescheidenheit ist. So weit ich weiß, benutzt ja auch unser Oberbürgermeister gerne den Begriff vom „Schwäbischen Anderschteitment", auf das er wohl besonderen Wert legt."
Im Spiegel konnte ich sehen, dass Herr Botzenhardt sich etwas entspannte, als ich „unseren" OB ins Spiel brachte. Schnell redete ich daher weiter:

„Und wenn man so überaus bescheiden gefragt wird, hat man ja förmlich das Bedürfnis, wenn nicht sogar die Verpflichtung, die wunderschöne Heimatstadt des Fragers in all' ihren Facetten nach Kräften zu rühmen. Das ist schon eine ganz besonders bescheidene und auch wirkungsvolle Art, die „Rei'gschmeckte" (wieder zuckte Botzenhardt zusammen) zum Lob der Stadt zu animieren. Ich jedenfalls antworte dann immer ganz wahrheitsgemäß: „Verschlagen, was heißt hier verschlagen, ich bin schon seit soundsoviel Jahren in Ulm, es ist doch eine ganz wundervolle Stadt mit so viel Lebensqualität, ich finde es immer noch toll hier!"

Offenbar hatte ich den richtigen Ton getroffen, jedenfalls wiegelte Herr Botzenhardt jetzt in aller Bescheidenheit ab:

„Ah geh, wo Sie herkommet, isch's g'wiss au' it ganz schlecht!", wobei er das Adjektiv „ganz" besonders stark betonte.

Jetzt sah ich meine Chance, den Salonfrieden wieder herzustellen, indem ich meinen stärksten Trumpf ausspielte:

„Aber lange nicht so schön wie hier bei Euch in Ulm, deshalb bin ich ja auch immer noch hier!"

Herr Botzenhardt schien's zufrieden, umso mehr, als Herr Scherer sich anschickte, letzte Hand an meine Frisur zu legen. Als Herr Botzenhardt an die Reihe kam, verabschiedeten wir uns freundlich, und gelegentlich kreuzen sich bis zum heutigen Tage unsere Wege, montags in Scherers Salon.

Bei allem diplomatischen Geschick, das er bei dieser denkwürdigen ersten Begegnung an den Tag legte, ist Herr Scherer beileibe nicht der stille Revoluzzer, für den ich ihn seinerzeit zu halten geneigt war. Wie er mir bei einer späteren Haarschneide-Sitzung sachkundig darlegte, war der erste und nachhaltige Regelbrecher im Friseurwesen natürlich, wie könnte es anders sein, ein Mann aus Ulm.

Bereits im Jahr 1967 nämlich hatte der heutige Drogeriebaron Erwin Müller, die damals noch gültige Zunftregel kaltblütig unterlaufend, seinen Friseursalon auch montags geöffnet. Mit der Folge, dass er umgehend aus der Friseurinnung ausgeschlossen wurde, und alsbald seinen ersten Drogeriemarkt eröffnete – der Rest ist Legende. Solche weit reichenden Konsequenzen brauchte Herr Scherer Anfang der Neunziger nicht mehr zu befürchten, wenn er illustrer Kundschaft wie mir montäglich seine Türen öffnete. Allerdings sind die üblichen Ruhetage mehrheitlich immer noch so stark verinnerlicht, dass anfangs nur verhalten von seinem Angebot Gebrauch gemacht wurde.

Und so kam ich an jenem denkwürdigen Montag in den Genuss, der erste Kunde in seinem Salon zu sein und sofort bedient zu werden.
Keine Frage, dass ich hinfort stets bestrebt war, meinen Friseurbesuch, wann immer möglich, auf den wenig frequentierten Montag zu verlegen. Schon allein deswegen war ich von diesem Tage an Stammkunde bei Scherer. Aber natürlich ist auch seine bis heute solide und denkbar preiswerte Leistung von nachhaltiger Überzeugungskraft für mich.

Auch in dieser Hinsicht ist die bescheidene, aber immer blitzsaubere Frisierstube von Herrn Scherer ein rechter Anachronismus, selbst wenn er sie erst vor ein paar Jahren schlicht, aber stilgerecht hat modernisieren lassen. Heute werden dort auch Damen frisiert, was den angenehm schnörkellosen Grundcharakter seines Salons jedoch dankenswerter Weise nicht verändert hat. Nach wie vor aber ist es vor allem seine Fähigkeit, intuitiv zu erfassen, ob ein Kunde in Plauderlaune ist oder nicht, die mich zu seinem treuen Kunden macht. Da meine schwindende Haarpracht ohnehin nicht viel Spielraum für frisierkünstlerische Auswüchse bietet, beschränkt sich unsere Konversation meistens auf das Wesentliche:

„Wie immer?"

„Ja, bitte!"

Der daran sich anschließende Arbeitsprozess vollzieht sich in konzentriertem Schweigen, und gibt mir ausgiebig Gelegenheit, mein alterndes Ego kritisch im Spiegel zu begutachten. Allenfalls bei den Detailfragen kann es dann nochmals geradezu geschwätzig zugehen:

„Koteletten?"

„Bitte so lassen, sonst wächst bei mir ja nicht mehr so viel!"

„Augenbrauen?"

„Gerne!"

Dann das Finale mit vorgehaltenem Haarspiegel für die Rückansicht:

„Gut so?"

„Ganz hervorragend, danke!"

Ich schätze Professionalität.

Epilog

Ich bin jetzt gut über 50 – ich brauche keine Typveränderung mehr. Und schon gar keinen neuen Friseur. Und wie es derzeit aussieht, komme ich so schnell auch nicht mehr weg aus dieser Stadt, schließlich habe ich bereits mehr als ein Drittel meiner bisherigen Lebenszeit in Ulm verbracht. Vielleicht bräuchte ich irgendwann in naher Zukunft eine Haarimplantation oder zumindest ein Toupet, wenn ich nicht so trotzig zu meinem lichter werdenden Kopfbewuchs stünde.

So aber suche ich weiterhin in unregelmäßigen Abständen den kleinen Friseurladen in der Gasse mit der großen glatten Kopfsteinpflasterung auf. Besonders bei Regen gemahnt mich die matt glänzende Rundung der Pflastersteine immer mehr an meinen mittlerweile haarlosen Hinterkopf. Doch wird mein Haar auch schütter, die Treue zu „meinem" Friseur wird das nicht erschüttern. Wir altern gemeinsam, und gehen womöglich zeitgleich in den Ruhezustand über. Danach wird sich wohl oder übel jemand anderes der Pflege meines kümmerlichen Resthaars widmen müssen.

Momentan jedoch ist Scherer noch der stille Held der Arbeit auf der Baustelle meines zunehmend altersbrüchigen Selbstbewusstseins. In einer Welt voller Aufschneider, in einer Stadt, die sich trotz oder angesichts historisch gescheiterter Flugpioniere und spatzenhaft bescheidener Vorbilder in immer neuen Höhenflügen gefällt, ist er für mich schlicht und einfach: Der Haarschneider von Ulm. Ich habe ihm das nie gesagt, ebenso wenig, wie ich ihm bisher verraten habe, dass ich erwäge, mir einen Vollbart wachsen zu lassen. Aber ich bin mir sicher, ich kann immer auf seine professionelle Diskretion zählen. Vor allem Montags.

Der Tag, an dem das Ulmer Münster verschwand
Ein surrealer GAU, der nicht nur Ulm erschütterte

Dass Dinge verschwinden, zählt zu den Mysterien unseres Alltags. Socken verschwinden in der Waschmaschine. Utensilien und Papiere verschwinden von unseren Schreibtischen. Belastende Beweise verschwinden aus einschlägigen Untersuchungsakten. Erbschaften lösen sich in Luft, und Erinnerungen in Demenz auf. Dateien verschwinden von unseren Rechnern. Gelder, nein, ganze Währungssysteme zerrinnen uns restlos unter den rastlosen Händen. Sogar liebe Mitmenschen verschwinden aus unserem Gesichtskreis, ja, selbst uns gänzlich Unbekannte, man liest es immer wieder in der Zeitung oder hört es aus den Medien, pflegen bisweilen von heute auf morgen sang- und klanglos zu verschwinden. Eben waren sie noch da, weilten unter uns, standen vielleicht vor uns an der Kasse im Supermarkt. Und dann sind sie weg. Einfach so. Ohne weitere Ankündigung, Erklärung oder Spur. Auf Nimmerwiedersehen und ohne nur „Ade" zu sagen. Womöglich gar, ohne vorher zu bezahlen.

Mit anderen Worten: das Verschwinden an sich ist uns vertraut und kann uns meist nicht mehr fundamental erschüttern. Ganz einfach, weil es Teil unserer täglichen Lebenserfahrung ist.

Sogar das Verschwinden kompletter Gebäude oder ganzer Straßenzüge vermag unser Vertrauen in die Beständigkeit unseres Daseins nicht nachhaltig zu beeinträchtigen.

Wohl jeder kennt das Phänomen, sich mit einer plötzlich klaffenden Baulücke oder einem scheinbar über Nacht gewachsenen Bauwerk konfrontiert zu sehen, unfähig, sich zu erinnern, was wohl zuvor an dieser Stelle gestanden haben mag. Gerade in innovationsstarken, hochdynamischen und wachstumsorientierten Regionen wie Ulm sind solche Erlebnisse an der Tagesordnung.

Jedenfalls waren sie das für sehr, sehr lange Zeit: selbst das berühmte Ulmer Münster pflegte gelegentlich aus dem Weichbild der Stadt zu verschwinden, zumindest konnte man das meinen, wenn man aus der Ursuppe des berüchtigten Ulmer Nebels hinaufschaute, dorthin, wo üblicher Weise die Spitze dieses Ehrfurcht gebietenden Gotteshauses gen Himmel strebte. Dann konnte es vorkommen, dass man diese seltsame Schrecksekunde erlebte, dieses Gefühl plötzlichen Verlustes, einhergehend mit einer spontanen Orientierungslosigkeit, welche durch die vorherrschende nebulöse Undurchdringlichkeit noch verstärkt wurde. Unversehens seiner unverrückbaren Landmarke beraubt, konnte das allzeit gefährdete Selbst des unbedarften Bürgers durchaus kurz ins Straucheln geraten angesichts, oder eben gerade nicht angesichts seines vertrauten Fixpunkts. Doch diese Irritation pflegte sich, allerspätestens nach dem nächsten Witterungsumschwung, regelmäßig in Wohlgefallen aufzulösen, die Münsterspitze war wieder sichtbar, und man konnte beim nächsten Einkauf auf dem Wochenmarkt mit seinen Mitbürgern darüber scherzen.

So ging es jahrhundertelang, in denen Generationen kamen und wieder verschwanden, in denen Pilgerströme aus aller Herren Länder Zeugen dieses baulich erhabenen wie höchst erbaulichen Meisterwerks christlicher Baukunst wurden - ehrfürchtig die Hälse reckend auf den Weiten der zugigen Ulmer Münsterplatte, und bisweilen umwabert von schier undurchdringlichen Nebelschwaden. Denn schließlich war das Münster nicht irgendein Allerweltsbauwerk. Es war ein Stück Weltkulturerbe allerersten Ranges. Mit dem Prädikat „höchster Kirchturm der Welt" hatte das ehemals katholische Gottesgebäude gotischer Prägung etwas mehr als ein Jahrhundert lang weltweit für Furore gesorgt. Selbst nachdem ihm der Superlativ als höchstes religiöses Bauwerk der Erde von einer ruchlosen Moschee in Casablanca abspenstig gemacht worden war – 1993 hatten die fremdgläubigen Marokkaner mit dem Minarett ihrer Hassan II.-Moschee den schwäbischen Sakralbau dreist um fast 50 (!) Höhenmeter getoppt – blieb seine Faszination und Symbolkraft als christliches Bollwerk bis ins 21. Jahrhundert hinein ungebrochen.

Über Jahrzehnte war sich die Ulmer Bürgerschaft der Anziehungskraft wie des Werbewertes Ihres Wahrzeichens wohl bewusst. Noch im Jahr 2015 hatte man unter großem medialem und finanziellem Aufwand das 125-jährige Münsterturm-Jubiläum zelebriert.

Kurz, das ehrwürdige Münster war ein Erbe, aus dem sich trefflich Kapital schlagen ließ. Immobilien „mit Münsterblick" waren gesucht und mit entsprechendem Preisaufschlag belegt. Oft und gerne wurde das Ulmer Münster namentlich, als Ikone wie auch als Zitat, zu gänzlich unsakralen Zwecken, meist im merkantilen Sinn und Trachten, benutzt wie auch missbraucht – von Immobilien über Lastkraftwagen oder

Bier bis hin zum täglichen Brot. Zugespitzt gesagt: wenn einem der zahlreichen in und um Ulm ansässigen Werbemenschen wirklich nichts mehr Gescheites einfiel, konnte er sich stets und ohne Gesichtsverlust der wohlbekannten Silhouette des Münsterbaus (oft und gerne auch nur der Münsterspitze) bedienen. Allenfalls die mindestens ebenso bekannte Physiognomie Albert Einsteins, welche man ebenfalls frühzeitig für imageträchtige Initiativen gekapert hatte, bildete ein annähernd konkurrierendes visuelles Element. Allerdings war dieser wirklich große Sohn Ulms bereits im zarten Säuglingsalter aus der Münsterstadt entschwunden, um nimmer wiederzukehren.
Ein warnendes Menetekel vielleicht?

Wie dem auch gewesen sei: das äußerst sinnfällige und häufig strapazierte Stadtmotto „Spitze im Süden" ließ sich ohne Zweifel in jeder Hinsicht auf dieselbe treiben. Jedoch schien das Prädikat „Münsterstadt" den Stadtoberen dann über Zeitläufte und Zünfte hinweg wohl doch zu einseitig und vielleicht auch zu altbacken, um den Herausforderungen des globalen Wettbewerbs auf Augenhöhe begegnen zu können. Unversehens befand man sich im Konkurrenzwettbewerb um qualifizierte und motivierte Leistungsträger – sei es länder-, bundes- oder gar nationenweit. Weitblick war gefragt, strategische Orientierung jenseits von altväterlicher, wenn auch epochaler Kirchenbaukunst. Mit dem neuzeitlichen Prädikat „Wissenschaftsstadt" wähnte man sich gut aufgestellt, nicht ahnend, dass auch dies nur süßer Wahn sein mochte: denn der

Nimbus von Wissenschaft und Bildung halbiert sich heuer schneller als die inflationäre Halbwertzeit vom Diplom- zum Magister- zum Master- bzw. Bachelorstudiengang. Zudem ist der Begriff „Wissenschaftsstadt" durch kein Copyright geschützt, weshalb Ulm sich bald von nachrangigen Nachahmern aus aller Herren Länder umstellt sah, welche mit gleicher Münze um Spitzenleute, Wissenschaftsnachwuchs oder Zukunftsinvestoren buhlten. Was also tun, wenn jedes Provinzkaff sich dreist solcherart profilieren kann? Hier hilft nur die Flucht nach vorn, weit weg aus verstaubten Zusammenhängen und entlegenen Epochen: denn eine Stadt wie Ulm ist mehr als die Summe ihrer Gebäude, seien sie auch noch so alt oder hoch. Sky's the limit, und wer sich nicht nach oben orientiert, wird weiter in den Niederungen der Mittelmäßigkeit oder Bedeutungsarmut versinken. Es ist eine ganze Region, die hier mit ihren Pfunden wuchert. Pfunde, die ebenso zukunftsträchtig wie einmalig sind.

Es geht schließlich nicht um das, was wir einst waren. Auch nicht um das, was wir heute sind. Es geht um die Zukunft, also um das, was wir sein werden. Es geht um Erneuerung, zu Neudeutsch: um nichts Geringeres als um Innovation.

Und so überstrahlte Ebensie als neue Landmarke unsere Münsterstadt: „Innovationsregion Ulm. Spitze im Süden" War das noch zu toppen? Wer wollte sich angesichts solch entschlossener Zukunftsprogrammatik noch an altem Gemäuer festhalten. Gewiss, auch diese gewerbeträchtige Botschaft mochte man nicht unter Verzicht auf althergebrachte Symbolik kommunizieren. Mit anderen Worten: weiterhin musste der gute alte Münsterbau zur Visualisierung dieses ehrgeizigen Himmelsstrebens herhalten – wenn auch neuzeitlich stilisiert.

Man ist schließlich bodenständig im Schwabenländle – und das ist auch gut so. Zudem ließ sich das Ganze stets noch durch die Konzeptaussage „Ulm - Kulturstadt an der Donau" flankieren.

In der „Städte-Championade", dem regelmäßig bundesweit ausgetragenen Wettbewerb um die Stadt oder Region mit dem höchsten Attraktivitäts-Index, konnte Ulm sich dank dieses sorgsam gehegten Grundkapitals mit schöner Regelmäßigkeit im Spitzenfeld platzieren.

Und so bildete das festgemauerte Münster weiterhin ein solides Fundament in der globalen Positionierung der Stadt, so dachte man wenigstens.

Aber was dann geschah, vermochte sich selbst die krude Fantasie abgebrühtester Stadtmarketing-Consultants nicht auszumalen. Oder womöglich doch? Versuchen wir, aus der distanzierten Betrachtung die Nebel etwas zu lichten, welche das Mysterium um das Verschwinden des Ulmer Münsters bis heute umgibt.

Zu jener Zeit, in der zweiten Dekade des 21. Jahrhunderts, hatte auch die ehedem so wohlhabende, stolze und prosperierende Freie Reichsstadt Ulm (mit dem jener früheren Epoche zugehörigen, mehr als selbstbewussten Motto: „Ulmer Geld regiert die Welt") unvermindert mit den Folgen der weltweit anhaltenden Wirtschaftsdepression und der außer Kontrolle geratenen Eurokrise zu kämpfen. Nach der Eskalation des Korea-Konflikts hielt der wieder erwachte Kalte Krieg die Welt in frostigem Atem. Eine schleichende Verelendung war auch in Ulm nicht zu übersehen, am ehesten erkennbar an einer dramatischen Ausdünnung hochwertiger Einzelhandelsgeschäfte in der Innenstadt. Damit einhergehend blühten allenthalben die Sumpfgewächse von Spielhöllen, Kosmetikstudios, Schnellimbissen und Gelegenheitsprostitution hervor, welche dem wachsenden Prekariat Ablenkung und Nischenexistenzen boten. Kurz: der Lack war ab, und in Ulm sah es zu dieser Zeit nicht viel anders aus als in jeder beliebigen anderen Stadt ähnlicher Größe in Deutschland oder in Resteuropa.

Selbst der Münsterplatz zeigte gewisse Verschleißerscheinungen angesichts der graffity-verunzierten Fassade des Stadthauses, welche aus Budgetgründen nicht mehr nachgeweißelt wurde.

Auch die einst so edlen Granitplatten auf dem Platz zeigten sich vom Zahn der Zeit gezeichnet, und wurden schon lange nicht mehr ausgebessert oder gar ersetzt. Allein die mächtige Münstersilhouette wachte in alter Würde, und frei von zumindest offensichtlich vandalistischen Übergriffen, über der Szenerie von Verfall und Verwahrlosung, welche die Innenstadt seinerzeit darbot. Selbstgefällige Renommierbauten im Umfeld, in den ersten Jahrzehnten des neuen Jahrtausends von großmannssüchtigen Geldinstituten aus eitlem Eigennutz errichtet, gammelten nun als sinnentleerte Mahnmale kapitalistischer Fehlentwicklung vor sich hin.

Nächtens wagten nur mehr Dunkelmänner und Schattenexistenzen sich noch hinaus in das windige Stadtareal und bevölkerten die schmutzstarrenden Katakomben der „Neuen Mitte".

Besonders, wenn Kälte und Nebel die Region klamm umfingen, so wie in jenem März, als ein unbarmherzig dunkler Winter in seinen sechsten Monat ging, herrschte in der Stadtmitte eine geisterhafte Atmosphäre. Zeitzeugen erinnerten sich später nur fröstelnd der besonders lang anhaltenden und durchdringend kalten Nebelperiode im Vorfeld jenes ominösen Tages, in dessen Umfeld die Menschen öffentliche Plätze selbst tagsüber geflissentlich mieden.

Das mochte auch der Grund sein, weshalb am sonnenfernen Morgen jenes bewussten Tages niemand Augenzeuge des epochalen Ereignisses wurde. Eines Ereignisses, das sich menschheitsgeschichtlich einreihte in jene Kategorie, die sich ob ihrer schockierenden Einzigartigkeit generationenlang ins kollektive Weltgedächtnis einbrennt, um darin als Legende fortzuleben.

So war es beim Untergang von Pompeji, so war es beim Abwurf der ersten Atombombe, so war es beim Attentat auf John F. Kennedy, so war es bei der ersten bemannten Mondlandung, so war es bei der Reaktorkatastrophe von Tschernobyl, so war es beim Mauerfall, so war es 9-11 in NY, so war es bei den Tsunami-Heimsuchungen in Thailand und in Fukushima. Und so war es an jenem Tag in Ulm auf dem Münsterplatz. Wobei das spektakulärste und beklemmendste Moment dieser Geschichte bezeichnender Weise in der absolut unspektakulären, man könnte auch sagen: beiläufigen Art ihres Geschehens lag.

Denn allem Anschein nach hatte sich das Münster buchstäblich über Nacht in Luft aufgelöst.

War in eine andere Dimension übergegangen. Hatte sich schlicht entmaterialisiert oder in flüchtige Moleküle verwandelt, um in der Unendlichkeit des Orbit zu verschwinden. Oder im Nirwana eines Paralleluniversums. Als hätte es nie ein Münster gegeben – jedenfalls nicht an diesem Ort. Die geografischen Koordinaten 48° 24' N , 9° 59' O bezeichneten plötzlich nur noch eine, wenn auch ordentlich gepflasterte, Leerstandsfläche, eine Baulücke gigantischen Ausmaßes.

Ganz ähnlich wie bei anderen welterschütternden Begebenheiten dieser Größenordnung gab es hinfort die Frage: „Wo warst Du, als das Ulmer Münster verschwand?", mit der sich mögliche Zeitzeugen konfrontiert sahen. Mochte man diese eine Frage individuell noch beantworten können, so teilten mögliche Antworten auf nahezu alle anderen Fragen in diesem Zusammenhang das Schicksal ihrer Ursache: sie versanken im Nebel der Spekulation.

Nach menschlichem Ermessen gab es weder eine natürliche noch eine physikalisch haltbare Erklärung für dieses einmalige Ereignis. Weder hatten verblendete Terroristen das Gebäude in die Luft gejagt, oder den Münsterplatz als Landeplatz für einen gekaperten vollbesetzten Airbus zweckentfremdet. Noch war es versierten Kunstdieben zum Opfer gefallen, welche das unersetzliche Kulturerbe nach Rififi-Manier zur Gänze säuberlich abgetragen und gestohlen hatten, um Lösegeld zu erpressen. Wie sich weiter herausstellte, kamen auch verschleißbedingte Ursachen nicht in Frage. Das Bauwerk war nicht aus reiner Altersschwäche über Nacht in sich zusammengesunken, hatte sich pulverisiert, und war in alle Winde zerstoben. Auch ein Erdbeben oder die Bildung einer unentdeckten Kaverne, in der das Münster komplett versunken sein konnte, schied als Theorie aus, schon allein wegen des geradezu erschreckend unversehrten Gesamtzustandes des Areals – inklusive der ganz normalen Abnutzungsspuren der gepflasterten Platzfläche. Blieben nur metaphysische oder paranormale Erklärungsansätze, welche künftig auf lange Sicht die Deutungshoheit gewinnen und behalten sollten.

Auf Grund der unsicheren Zeugenlage gehen die Angaben über den genauen Zeitpunkt des eigentlichen Verschwindens auseinander. Als gesichert gilt jedoch bis heute, dass es um den frühen Vormittag ca. 9.30h gewesen sein muss, als das Ungeheuerliche geschah bzw. zuerst bemerkt wurde. Und dass es wohl eine Gruppe japanischer Touristen war, welche als erste eine verstörende Feststellung machte: Auskunft heischend hatten sich die fernöstlichen Besucher an ein paar Passanten gewandt, welche sie für Einheimische hielten. Diese jedoch entpuppten sich ebenfalls als Touristen, aus Norddeutschland kommend, die ihrerseits vergeblich nach dem Münsterbau Ausschau hielten. Bedingt durch den verwirrenden äußeren Umstand, das Münster beim vorherrschenden Nebel an der erwarteten Stelle nicht ausfindig machen zu können, wähnte man sich anfänglich am falschen Ort. Schließlich aktivierte einer der Suchenden auf seinem Smartphone eine entsprechende GPS-App, welche den Standort des Bauwerks auf 0,5 m genau auswies. Zunächst herrschte Erstaunen, als die Touristen realisierten, dass sie laut GPS-Ortung im hinteren Kirchenschiff des Münsters stehen müssten. Fassungslos bewegte man sich weiter auf den Koordinaten des Bauwerks, ohne jedoch irgendwo auch nur auf die Spur einer Bausubstanz zu stoßen. Natürlich war man zunächst geneigt, den virtuellen Angaben auf dem Display zu misstrauen, und so setzte die kleine Expedition ihre GPS-geführte Prozession über den Platz fort. Schließlich stieß das Grüppchen auf der Münsterplatte doch noch auf einen versprengten Ulmer Stadtbewohner, es musste nunmehr gegen 10.00 h Ortszeit gewesen sein. Konfrontiert mit den befremdlichen Fakten setzte der Befragte, ein 67 Jahre alter Pensionär, gerade zu einer Erklärung der Örtlichkeiten an, als ein aufkommender Wind die Nebelschwaden lichtete. Wer ermisst das fassungslose Erstaunen, das sich zuallererst des ortskundigen Einheimischen bemächtigte, als sein richtungsweisender Zeigefinger ins Leere wies? Vor ihnen erstreckte sich der Münsterplatz. So weit, so richtig. Aber er erstreckte sich weiter und weiter, eine schier unendlich scheinende leere Fläche lag vor ihnen, einheitlich gepflastert mit dem selben steinernen Belag. Mehr war da nicht zu sehen. Vom Münster keine Spur, nicht einmal ein Schatten oder ein Umriss davon war sichtbar. Diese weite fahle Leere endete erst an der kleinen russischen Kapelle, welche sich an der hinteren rechten Flanke in Nebelresten versteckte. Es war derart unwirklich, dass der arme Mann unsicher anfing zu lachen. Ungläubig schaute er erst auf die Japaner, dann wieder auf den Platz vor ihnen, dann begann er zu stammeln. Er drehte sich um, einmal im Kreis, sein ausgestreckter Arm sank langsam herab, dann stützte er sich schwer auf den Nächststehenden. Die Gruppe schwieg betroffen. Noch war das Offensichtliche zu ungeheuerlich, um es als real anzunehmen. Die Norddeutschen schienen als erste den Schock zu überwinden, denn sie eilten jetzt auf ein paar weitere Passanten zu. Auch diese waren fassungslos stehen geblieben, als sich der Nebel auflöste. Es schien gerade so, als habe eine aggressive und heimtückische Aura sich des Münsters bemächtigt, ja, es regelrecht gekidnappt, um es in einer skrupellosen Nacht-und Nebel-Aktion in Nichts aufzulösen, gaben Befragte später zu Protokoll.

Allmählich erhielt die kleine Menschengruppe immer mehr Zulauf: wie aus dem Nichts tauchten jetzt aus allen Himmelsrichtungen weitere Individuen auf, manche rannten, andere gestikulierten, viele sah man aufgeregt telefonieren, einige schrien wild durcheinander. Minuten später heulten im nahe gelegenen Polizeirevier die ersten Sirenen auf, ein einsamer Streifenwagen schoss mit Blaulicht auf die Münsterplatte, und kam mit quietschenden Reifen zum Stehen. Die Uniformierten sprangen heraus und starrten ebenfalls wie hypnotisiert ins Leere.

Es mochten mittlerweile an die hundert Menschen auf dem Platz sein. Sie wirkten verloren auf der weiten grauen Fläche. Wer ein Smartphone oder einen Fotoapparat zur Hand hatte, richtete das Objektiv auf die Leerstelle, wo gestern mutmaßlich noch das Ulmer Münster gestanden hatte. Keine Viertelstunde später kursierten die ersten Bilder davon im Internet und gingen um die Welt. Zwischenzeitlich hatte ein größeres Polizeiaufgebot den Kernplatz abgeriegelt und versuchte die Menschenmenge zum Rand hin abzudrängen. Ein Spezialistenteam begann mit der Spurensicherung. Als die ersten Kamerateams der örtlichen Medien eintrafen, war die Lage bereits unübersichtlich. Dennoch machte niemand Anstalten, das abgezäunte Münsterareal zu betreten – fast ehrfürchtig blickten die Menschen dorthin, richteten stumm den Blick in die Höhe, ganz so, als müsste dort jeden Augenblick wieder die vertraute Silhouette der Münsterspitze sichtbar werden. Ein Grüppchen hatte sich abgesondert, um auf Knien zu beten. Eine seltsame Stimmung breitete sich aus. Gegen Mittag kreiste ein Hubschrauber mehrfach über dem Platz, drehte bei, schwebte knatternd herein und setzte sanft innerhalb der Absperrung auf. Im Konzertsaal des Stadthauses war vom Oberbürgermeister hastig eine Krisensitzung anberaumt worden. Unruhe machte sich breit, als es hieß, der Innenminister sei in Begleitung des Ministerpräsidenten eingetroffen. Erste Gerüchte und Verschwörungstheorien machten die Runde, von Außerirdischen war die Rede. Auch ein Anschlag muslimischer Terroristen wurde als Erklärungsmodell der ersten Stunde gehandelt.

Vom Testeinsatz einer innovativen Neutronenwaffe wurde gemunkelt. Andere wollten Gottes mahnendes Menetekel erkennen, und nahmen das Ereignis für ein Zeichen der unmittelbar bevorstehenden Wiederkunft Christi. Am Abend war die Innovationsregion Ulm im Ausnahmezustand und am Rande ihrer mentalen und moralischen Widerstandskraft angelangt. Fackelträger und Mahnwachen fanden sich ein, um der ersten eiskalten Märznacht nach der unwiderruflichen Stunde Null zu trotzen. Spontane Prozessionen formierten sich und bevölkerten die umliegenden Straßen. Um Mitternacht wandte sich Papst Franziskus in einer Trost- und Grußbotschaft an die Gläubigen in der Welt, und rief zu Demut und Gottesfurcht auf. Der Sohn des marokkanischen Königs Hassan II. ließ dem Oberbürgermeister eine Solidaritätsnote übermitteln.

Der erste extreme Ansturm flutete bereits am nächsten Tag in die Region. Unter den tsunamihaften Internet-Anfragen aus aller Welt sollte auch in den darauffolgenden Wochen immer wieder das Servernetz der Stadtregion zusammenbrechen. Die ersten Reisebusse mit Schaulustigen trafen bereits am übernächsten Tag ein. Expertenteams aus aller Welt kündigten ihr Kommen an, um das ominöse Ereignis zu untersuchen, und wenn möglich an seiner Aufklärung mitzuwirken.

Kriminalisten, Quantenphysiker, Religionsphilosophen, Geologen, Vulkanologen, Archäologen, aber auch Psychologenteams, Astrologen und Esoteriker - sie alle wollten möglichen Ursachen wie Auswirkungen des Mysteriums auf den Grund gehen, oder sich zumindest vor Ort ein Bild machen.

Die einheimische Bevölkerung war indes im Aufruhr, das Wirtschaftsleben der Region brach in der ersten Woche komplett zusammen. Nur das Beherbergungs- und Gastronomiegewerbe versuchte nach Kräften, des Besucheransturms wie der Anfragenflut Herr zu werden. Schnell waren sämtliche Übernachtungskapazitäten im gesamten Landkreis überbucht, sodass man auf dem Messegelände und in der angrenzenden Musterhaussiedlung zusätzliche Unterbringungsmöglichkeiten und improvisierte Unterkünfte schuf. Es dauerte gut ein halbes Jahr, bis in der Region so etwas wie Normalität wiederhergestellt war – allerdings sollte in und um Ulm herum niemals wieder etwas so sein wie zuvor...

Wie fundamental und nachhaltig die Folgen des Ereignisses nachwirkten, lässt sich annähernd erst heute, aus der fast schon historischen Distanz, beschreiben.

Im ehemaligen Ulmer Stadthaus, welches später mit Einverständnis der Erben von Richard Maier zum „Dokumentationszentrum Ulmer Münster" umfunktioniert wurde, lässt sich heute für die Besucherströme aus aller Welt die gesamte Münsterhistorie nachvollziehen. Vom Aufbau an bis hin zu den Zeugenaussagen der Stunde Null sind hier in einer multimedialen und teils dreidimensional-holografischen Schau alle Fakten um das Münsterschicksal zusammengestellt. Ergänzt um unbezahlbare Artefakte, wie z.B. aus anderen Ausstellungen erhaltene Münstersteine und -fragmente, vereint und bewahrt diese Dokumentation die einzigen und letztgültigen Beweise, dass und in welch wechselvoller Gestalt das Ulmer Münster tatsächlich jemals existiert hat.

Dieser Aspekt ist in der Tat nicht zu unterschätzen, will man auch künftigen Generationen sein wundersames Verschwinden glaubhaft vermitteln. Insofern war es hilfreich, dass dem nicht mehr vorhandenen Bauwerk schon bald ein weiterer unbezahlbarer Status zuerkannt wurde:

War dem Ulmer Münster zu Zeiten seiner Noch-Existenz trotz seiner unbestrittenen Spitzenposition die offizielle Anerkennung als Weltkulturerbe versagt geblieben, so gereichte ihm nun die Tatsache seines spurlosen Verschwindens zur Einstufung als veritables achtes Weltwunder. Denn im Unterschied zum zu bewahrenden Kulturerbe ist ein Weltwunder nicht an seine physische, reale oder aktuelle Existenz gebunden – ganz im Gegenteil: der Koloss von Rhodos sei hier ebenso beispielhaft erwähnt wie die sagenhaften und heute ebenfalls längst verschwundenen Hängenden Gärten der Semiramis oder der ewige Mythos um das untergegangene Atlantis.

Und exakt in dieser Liga sollte das nicht mehr existente Ulmer Münster schon in naher Zukunft angesiedelt sein: sein spurloses Verschwinden legte den Grundstein, mit dessen Hilfe der Olymp ewig gültiger Menschheitsmythen erklommen sein wollte.

Zunächst war man sich jedoch in den Führungsetagen der Stadt dieses Potenzials wie auch der Tragweite der Entwicklungen und Ereignisse insgesamt nicht

recht bewusst. Nachdem der erste Schock halbwegs überwunden war, formierten sich schnell Interessengruppen, die sich für einen originalgetreuen Wiederaufbau des Münsters stark machten. Man vertrat die Auffassung, dass Ulm mit seinem Wahrzeichen seines Markenkerns wie auch seiner touristischen Anziehungskraft beraubt worden sei. Das Verlustereignis wurde einhellig als Katastrophe empfunden und bewertet. Andere sahen in der neu entstandenen innerstädtischen Freifläche nichts anderes als eine Baulücke mit Filetcharakter, welche es möglichst schnell zu schließen und kommerziell zu nutzen galt. Ähnlich wie beim New Yorker World Trade Center waren sich beide Interessengruppen darin einig, mit einem Wiederaufbau oder einer Neubebauung ein Zeichen setzen zu wollen. Gegen derartige Bestrebungen gab es bald ersten Widerstand, nicht nur aus religiös motivierten Kreisen. Ganz pragmatisch betrachtet, war es ohnehin ein Ding der Unmöglichkeit, das Münsterbauwerk innerhalb eines halbwegs realistischen Zeithorizonts wiederherzustellen – schon gar nicht originalgetreu. Erste Gutachten gingen von einer Bauzeit von ca. 50 Jahren und geschätzten Baukosten von mindestens 10 Mrd. Euro aus. Unter den damaligen Voraussetzungen für die ohnehin nahezu bankrotte Region der endgültige Ruin. Selbst mit Unterstützung schwergewichtiger Investoren, die spontan großzügige Finanzierungshilfe zugesagt hatten, war dies einfach keine realistische Option. Auch der Einsatz modernster CNC-Fertigungsverfahren für die Reproduktion der filigranen Steinfiguren, Altäre und Portale stellte keine wirkliche Alternative dar, zumal die Zunft der Steinmetzen erwartungsgemäß sofort lautstark gegen solch profane Gedankenspiele protestierte. Auch das Landesdenkmalamt legte sofort sein ultimatives Veto ein. Ohnehin war zusammen mit dem Münster auch die angrenzende Münsterbauhütte samt aller Planungsunterlagen und Dokumente im Orkus verschwunden. Allein deren Wiederherstellung auf der Grundlage von anderweitig verfügbaren Unterlagen oder Fotografien hätte Jahre in Anspruch genommen. Insofern sahen sich die Befürworter einer rein kommerziellen Bebauungslösung im Vorteil. Allerdings hatten sie ihre wohlfeile Rechnung ohne Kenntnis der größeren Zusammenhänge gemacht. Denn das Schicksal der Stadt und ihrer Bewohner hing seit dem Ereignis ohnehin nicht mehr von mehr oder minder ignoranten Wunschvorstellungen rein kommerzorientierter Kleingeister ab.

„Eher geht ein Ulmer Spatz durch ein Nadelöhr, als dass dieser Platz neu bebaut wird!" Diese trotzig-programmatische Aussage des arbeitslos gewordenen Münsterdekans sollte sich noch von prophetischer Tragweite erweisen. Allerdings konnte auch er nicht im Entferntesten ahnen, mit welcher Dynamik sich die Dinge schon bald entwickeln würden.

Denn kaum war die erste Woge von Katastrophentouristen, Zweiflern, Esoterikern, Zukunftsfreaks wie Endzeitanhängern, Hobbyermittlern, Scharlatanen, Satanisten, Verschwörungstheretikern und Magieversessenen über die Region hinweg gerollt, setzte der Pilgerstrom ein. Sie kamen von überall in der Welt.

Sie kamen in allen Zuständen und Stadien von Verzweiflung, Versehrtheit und Verfall. Sie kamen in der Hoffnung auf Heilung, Läuterung, Erlösung. Kurz und gut: Lourdes konnte einpacken. Dicht machen die Grotte. Santiago konnte sich einkompostieren. Denn Ulm war jetzt der Pilgerort der Hoffnung.

Wie kam es dazu? Ganz einfach: die Botschaft vom Verschwinden des Münsters hatte sich dank Internet in Windeseile um den Erdball verbreitet, und mit ihr die Heilslegende: wenn an diesem mirakulösen Ort ein ganzes Münster gen Himmel fahren konnte, dann mochte sich dort auch jede Art menschlichen Gebrechens in Luft auflösen. Oder womöglich fuhr man selbst jesusgleich direkt zum Vater in den Himmel? Sprich: allein der Aufenthalt auf dem Münsterareal versprach den Unglückseligen und Beladenen dieser Welt Erlösung und Befreiung. Wie ein Leitstrahl lotste diese Verheißung nun Jahr um Jahr Heerscharen von Pilgern an die Donau.

Mit der Folge, dass alle Kräfte von Stadtverwaltung, Tourismusmanagement, Infrastruktur- und Regionalentwicklung sich fürderhin ausschließlich mit der sozialverträglichen und höchst einträglichen Kanalisierung dieser Menschenmassen zu befassen hatten. War die Münsterstadt in früheren Tagen schon ein überdurchschnittlich gut besuchter Tourismusort gewesen, platzte die Region nun aus sämtlichen Nähten. Spätestens nachdem der Ulmer Papstbesuch die Weihe vollendet hatte, gab es kein Halten mehr. Die Stadtregion Ulm hatte eine Spitzenposition erreicht, die nach menschlichem Ermessen kaum mehr zu überbieten war. Von einer möglichen Bebauung des Münsterplatzes war aus nachvollziehbaren Gründen keine Rede mehr. Infolge dessen fühlte man sich seitens der Stadtverwaltung verpflichtet, selbst die traditionelle Ulmer Schwörrede den unwiderruflich veränderten Tatsachen entsprechend anzupassen. So wurde der Passus: „Wir geloben, das Andenken an unser Ulmer Münster für die uns nachfolgenden Generationen lebendig zu bewahren, und die schlichte unbebaute Würde des Münsterplatzes unverbrüchlich in Ehren zu halten!" zur verbindlich festgelegten Formel im Rahmen des alljährlichen traditionellen Schwörrituals, welches seit jenem denkwürdigen Tage vor dem ehemaligen Ulmer Stadthaus, dem heutigen Dokumentationszentrum, abgehalten wird.

Um Endzeit- wie Heilspredigern kein Forum zu bieten, aber auch, um möglichen Massenhysterien vorzubeugen, wurde in der Folge eine Bannmeile um den Münsterplatz gezogen, innerhalb derer öffentliche Auftritte und Ansprachen ausschließlich offiziellen und akkreditierten Rednern oder Vortragenden vorbehalten blieben. Dasselbe galt auch für Feierlichkeiten aller Art, die, mit Ausnahme offizieller Gedenkfeiern, Gläubigenprozessionen sowie der Schwörmontags-Versammlung, künftig vom Münsterareal verbannt blieben. Der ununterbrochene Pilgerstrom bewegt sich, von starken Sicherheitskräften eskortiert, in west-östlicher Richtung über die Münsterplatte.

Lediglich der Wochenmarkt und der alljährliche Weihnachtsmarkt werden bis auf Weiteres noch auf dem ehemaligen Münstervorplatz geduldet.

Dem Jahrestag selbst bleibt die dreidimensionale Auferstehung des Münsterbaus vorbehalten, die als lebensechte Holografie im Maßstab 1:1 auf dem Münsterplatz zelebriert wird. Mit Hilfe von Hochleistungs--Laserkanonen ersteht eine detailgetreue virtuelle Projektion, welche allein jedes Jahr mehrere hunderttausend Besucher nach Ulm lockt und begeistert.

Natürlich gibt es auch böse Zungen, die behaupten, das Münster sei in Wirklichkeit nie etwas anderes als eine 3-D-Projektion gewesen – und der ganze Hype um sein plötzliches „Verschwinden" nichts weiter als die epochale Idee eines Consultinggenies. Mit anderen Worten ein gigantischer Marketingcoup. In der Tat hatte es sogar eine schillernde Beraterpersönlichkeit gegeben, welche später die Urheberschaft für genau dieses Konzept für sich hatte reklamieren wollen.

Aber das war dann selbst der fakebook-erprobten youtube-Gemeinde etwas zu dick aufgetragen – man hat nie weder etwas von diesem Genie gehört.

Unbestritten aber stellt das Münster-Mysterium aus Sicht des Stadtmarketings alles bisher Dagewesene in den Schatten. Wie sich erwiesen hat, ist der gesamten Großregion Ulm/Neu-Ulm damit ein unerhörtes Glück zuteil geworden. Nicht nur, dass paradoxer Weise das nicht mehr vorhandene Münster ein vielfach höheres Kapital repräsentiert als das früher existente: es bedeutet auch eine konkurrenzlos unanfechtbare

Alleinstellung. Denn wer wollte bestreiten, dass eine münsterlose Münsterstadt einsame Spitze ist? Zumindest, solange nicht anderswo auf der Welt irgendwelche markanten Sakralbauwerke verschwinden. Aber dieses Kunststück sollen uns die Marokkaner erst einmal nachmachen! Da sei Allah vor!

Einstweilen wird in Ulm und drumherum der Ertrag dieser Spitzenleistung abgeschöpft. Allein der Tourismussektor wirft regelmäßig Beträge in mehrfacher Höhe des früheren Gesamtbruttosozialprodukts ab. Der schwunghafte Handel mit Münster-Devotionalien und -Memorabilia spült jährlich Millionenbeträge in das ehedem so löchrige Ulmer Stadtsäckel.

Münster-Miniaturen und -Figurinen fanden schnell reißenden Absatz, lediglich der Verkauf von Münstersteinen und Bruchsteinelementen aus der „Original"-Bausubstanz musste aus Gründen der Glaubwürdigkeit zunächst offiziell reglementiert und späterhin ganz ausgesetzt werden.

Dennoch tummeln sich im Internet weiterhin hunderte Händler aus Übersee und Fernost, welche mit billigen Derivaten und plumpen Fälschungen glänzende Geschäfte machen – sehr zum Leidwesen der Ulmer, die ihre attraktive Ertragsbasis ohne Not geschmälert sehen. Dreiste Produktpiraterie macht in globalisierten Zeiten weder vor Weltwundern noch vor Sakralgütern halt: dem weltweiten Turbokapitalismus ist eben überhaupt nichts mehr heilig.

Ein nicht unerhebliches Trostpflaster bietet der Erlös aus Lizenzen, Filmrechten bzw. Tantiemen: zahlreiche Filmproduktionen, die in den Folgejahren alle nur erdenklichen Drehbuchvarianten (vom Wissenschafts-Thriller über Alienangriff bis hin zum Triumpf Luzifers über die Mächte des Guten) durchspielten, erbrachten Gewinne in schwindelerregender Höhe.

Doch auch ohne cineastisch aufgeladene Dramatik aus Hollywood brodelte in den ersten Jahren nach dem Tag X die Gerüchteküche munter weiter. Immer neue, teils abenteuerliche Behauptungen trugen weiter zur Legendenbildung bei. So hielt sich hartnäckig die ruchlose Mär eines von langer Hand vorbereiteten illegalen Abbruchs des Münsterbaus durch die Ulmer Stadtverwaltung. Nach dieser gewagten These habe man angesichts der drohenden städtischen Insolvenz das Münster für einen hohen dreistelligen Millionenbetrag an einen russischen Oligarchen verschachert. Dieser habe den Bau in einer Art privatem Sakraldisneyland in den Weiten der westsibirischen Taiga Stein für Stein wieder auferstehen lassen. Zwar war in den Monaten vor seinem Verschwinden das Münster tatsächlich für den öffentlichen Besucherverkehr gesperrt gewesen – allerdings auf Grund umfangreicher Restaurationsarbeiten am Fundament. Insofern hatte es im Vorfeld des Verschwindens durchaus Baustellenaktivitäten und LKW-Verkehr auf der Münsterplatte gegeben. Die Unterstellung aber, den Münsterbau quasi klammheimlich entkernt zu haben, um nur noch eine potjemkin'sche Fassade aufrecht zu erhalten, welche man dann in einer Nacht-und Nebel-Aktion beiseite geschafft habe, war jedoch geradezu aberwitzig.

Selbst nachdem Probebohrungen der renommierten geologischen Fakultät der Universität Uppsala zweifelsfrei ergeben hatten, dass auch von den mächtigen Fundamenten des Bauwerks jede noch so geringe Spur fehlte, ebbten die Spekulationen nicht ab. Auch öffentliche Gegendarstellungen von Oberbürgermeister und Stadtrat sowie amtliche Zweitgutachten, die einen Kirchenraub dieses tollkühnen Ausmaßes ins Reich der Fabel verwiesen, änderten daran nichts. Eher schienen sie die Fantasie zahlloser Menschen auf der ganzen Welt noch zu beflügeln, wie in tausenden einschlägigen Blog-Beiträgen und Internetkommentaren nachzulesen war. Nicht zuletzt waren es phantomhafte Schattenerscheinungen des Münsters auf Google-Earth, die erst in jüngerer Zeit den zahlreichen Verschwörungstheoretikern wieder neue Munition verschafften.

Definitiv widerlegt ist heute zumindest die These, der Magier David Copperfield habe das Münster verschwinden lassen aus Rache für die Absage der Stadtverwaltung, welche ihm in den späten 90ern des letzten Jahrtausends ihren Segen zur medienwirksamen Vorführung ebendieses Kunststücks versagt hatte.

Als nicht beweis- aber noch am ehesten belastbare Hypothese gilt heute die Theorie, welche das vollkommene Verschwinden des Münsters mit einer Versuchsreihe im Teilchenbeschleuniger CERN in Genf in Zusammenhang bringt. Obwohl dieser Ansatz die Grundfesten aller bisher bekannten quantenphysikalischen Erkenntnisse und Annahmen erschüttert, gibt es hochrangige Experten, die ihm eine gewisse Plausibilität zuerkennen. Demnach sei bei Versuchen zum Nachweis der sogenannten „Gottesteilchen" im unterirdischen Genfer Ionenbeschleuniger eine unkontrollierte Menge sakraler Energie freigeworden, welche als Antimaterie den Reaktor verlassen habe. Die schiere Materialmasse des Münsters habe diese Negativenergie wie ein Magnet angezogen, wahrscheinlich habe sie den Weg über unterirdisch verlaufende alpine Erzadern genommen. Im Moment der Kollision der negativen mit den positiven Energieteilchen habe sich das Bauwerk entmaterialisiert - in einer Nanosekunde. So weit die Theorie. Auch bei diesem Erklärungsmodell bleibt noch mehr nebulös, als der etablierten Wissenschaft lieb sein kann: so unter anderem die Beantwortung der Frage, wie sich denn der lückenlos einheitliche und gleichmäßig abgenutzte Belag aus großformatigen Natursteinplatten mit der Oberfläche „Rosa Dante" auf dem gesamten Münsterplatz erklärt. Die Experten streiten noch.

Zuletzt gab es im Zuge der Umsetzung des im Jahr 2013 auf den Weg gebrachten „Endlager-Suchgesetzes" für die Ulmer Bürgerschaft noch eine ganz andere Belastungsprobe zu bestehen.

Wie man sich erinnert, war dieses Gesetz noch zu Zeiten der Schwarz-Gelben Koalitionsregierung beschlossen worden, um „ergebnisoffen" bundesweit nach einem geeigneten Endlager-Standort für atomare Abfälle zu suchen. Ergebnisoffen bedeutete in diesem Zusammenhang: ohne Ansehen von Umwelt- oder Landschaftsschutz, Lobby-, Regional- oder Partikularinteressen, unbeeinträchtigt von Kultur- oder Besitzstandswahrungstendenzen, und natürlich ohne jede Rücksicht auf Parteienproporz.

Ulm mit seinem mirakulösen Münsterplatz geriet insofern fast zwangsläufig in den Fokus der Begehrlichkeiten. In der Tat erschien die Vorstellung, dort eingelagerte Atomabfälle könnten sich über Nacht einfach in Luft auflösen, äußerst verführerisch. Selbst von Seiten der Grünen wie nahezu aller Umweltorganisationen fand dieses Szenario Unterstützung, weshalb man diesen Standort, aller massiven Einwände und Proteste zum Trotz, lange Zeit favorisierte. In der Folge kam es zu bürgerkriegsähnlichen Zuständen, in denen sich Polizei, Bundesgrenzschutz und große Teile der Ulmer Bürgerschaft, verstärkt durch Aktivisten aus aller Welt, erbitterte Schlachten lieferten. Seit Gorleben und Stuttgart 21 hatte es Vergleichbares in Deutschland nicht mehr gegeben. Die Fronten waren verhärtet und drohten, das ganze Land zu spalten: den Ulmer Bürgern wurde vorgeworfen, aus egoistischem Eigeninteresse die Chance auf eine ebenso elegante wie allgemeinverträgliche Endlösung der Lagerfrage zu blockieren. Die Stadt sah sich seitens der Bundesregierung bereits mit Zwangsenteignung bedroht. Unverhoffte Unterstützung wurde den Ulmern und allen Endlager-Gegnern jedoch ausgerechnet von Seiten religiöser Interessengruppen zuteil: Die Empörung über die geplante Schändung des neuzeitlichen Gottesbeweises schlechthin schlug international Wellen. Ein Shitstorm nie gekannten Ausmaßes brach über die bundesdeutsche Öffentlichkeit und Regierung herein, nachdem der Konflikt sogar in der Uno-Vollversammlung thematisiert worden war. In einhelliger Solidarität erwirkten die Gläubigen der Welt, unter Federführung des Vatikans und unter historisch einmaliger Einbeziehung anderer, besonders auch muslimischer und jüdischer Glaubenskongregationen, ein Moratorium. Bereits eingeleitete Probebohrungen, mit denen unter massivem Polizeischutz heimlich begonnen worden war, wurden daraufhin vorerst gestoppt. In dieser Explorationspause bekamen endlich auch jene kritischen Stimmen Gehör, die aus streng wissenschaftlicher Sicht erhebliche Bedenken anzumelden hatten: so war und ist ja bis heute ungeklärt, was mit der verschwundenen Münstermaterie tatsächlich passiert ist, ebenso, wohin sie verschwand. Aber das schien für die Entscheider bei der Endbewertung der Atommülllagerfrage nur eine untergeordnete Rolle zu spielen – Hauptsache, das lästige Zeugs blieb auf Nimmerwiedersehen verschwunden. Glücklicherweise hat sich diese eigenwillige Vorstellung von Nachhaltigkeit nicht wirklich durchsetzen können. Letztlich ist es aber wohl der beispiellos solidarischen interkonfessionellen Machtdemonstration zu danken, dass der Stadt Ulm und dem Rest der Welt ihr achtes Weltwunder bis heute erhalten blieb.

Einmal mehr ist es dieser bemerkenswert kleinen Großstadt gelungen, mit ihrem Münster ein Zeichen zu setzen, das globalen Einmaligkeitswert hat. Und so wird der Tag, an dem das Ulmer Münster verschwand, noch generationenlang in Erinnerung bleiben - womöglich bis in alle Ewigkeit.

Die Neuerscheinung 2015!

REICH werden

Melchior Marcks

ohne rot zu werden

**Die harte Währung der Erfahrung:
Selfmade-Karrieren und ihre Erfolgsgeheimnisse**
www.diy-reichtum.de

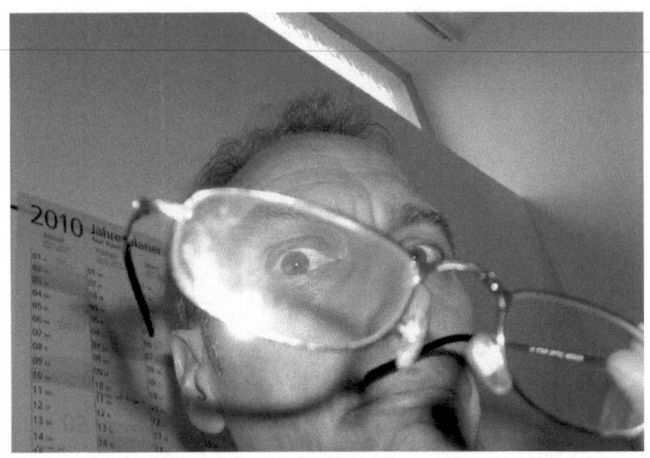

Werbefuzzi, Texter, Redakteur, Autor

Hinter der vielschichtigen Vita und Biografie von Siegfried Galter offenbart sich ein wacher, oft jugendlich provokanter und kritischer Geist, der sich diverser Pseudonyme und aliase bedient. Von wechselnden Musen innig geküsst, präferiert Galter meist das Schreiben, weil es bis heute mit einem Minimum an Produktionsmitteln, bei einem Maximum an Mobilität, zu realisieren ist. Er nimmt daher auch den eher unterdurchschnittlichen Deckungsbeitrag seiner freischwebenden beruflichen Existenz billigend in Kauf.

Der Autor lebt und arbeitet bevorzugt autonom, anonym und ambulant, und ist derzeit ohne festen Vorsatz unterwegs. Aktuell schreibt er u.a. an einem Lyrikband und an einer Kriminalstory – mit noch ungewissem Ausgang.

Kreative, Gestalterin, Motivsucherin

Birgit Fohlert ist gelernte Goldschmiedin und leidenschaftliche Fotografin. Die Ulmerin nimmt ihre Umwelt kritisch ins Kameravisier, und damit, so oft es eben geht, aufs fein- oder auch bewusst grobgepixelte fotografische Korn. Dabei stöbert sie immer wieder ungewöhnliche und so bisher nicht wahrgenommene Objekte, Perspektiven und Ansichten auf. Ihre Bildmotive ergänzen so auf kongeniale Art den Reigen erlesener Beiträge in dieser ersten Ulmer Spîtzen-Edition.

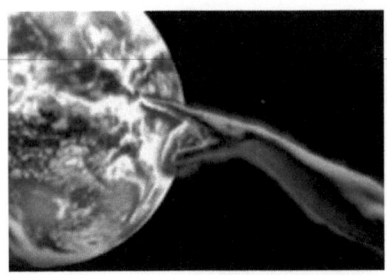

Spîtzen-Writer gesucht!

Was haben Spitzenreiter und Spîtzen-Writer gemeinsam? Sie müssen sich nicht die ganzen Ärsche vor ihnen anschauen, die ihnen den Weg und die Aussicht versperren. Ein nicht zu unterschätzendes Privileg, das wir gerne mit gleichgesinnten Mit-Writern und -innen teilen möchten. Dasselbe gilt für alle, die auch andere Beiträge zu unserer Publikation beisteuern möchten, seien es Fotografien, Cartoons, Bilder, oder auch Themenanstöße, Tipps und Informationen.

Denn die nächste Ulmer Spîtzen-Edition kommt bestimmt, und die schaffen wir sicher nicht im Alleingang. Deshalb setzt Euch in Trab, und zeigt uns Eure Spîtzen-Beiträge!

Das Ganze natürlich nicht um schnöden Gotteslohn, sondern für Ruhm, Ehre, und wenn's gut läuft, schaut sogar ein faires Spîtzen-Honorar dabei heraus: überschüssige Erträge werden streng proportional zum Gesamtumfang jeder Ausgabe unter den Beitragenden des Spîtzen-Kreativpools aufgeteilt.